KB200709

하나님의 마음 알기

내 삶에서 이보다 더 중요한 것은 없다

하나님의 마음 알기

김병삼

Knowing God's Heart

규장

모든 삶과 사역의 시작과 마침은
'하나님의 마음 알기'에서

1988년에 목회를 시작해 그 이듬해 목사 안수를 받고 군목으로 임관해 설교자가 되었지만, '열심'만 있었을 뿐 '사명'이 없던 제게 설교는 늘 고된 작업이었습니다. 다행히 신학교 6년 과정을 통해 신학적 훈련을 받았고 설교 준비를 위해 영어, 독일어, 헬라어, 라틴어 성경과 주석을 열심히 읽었지만, 설교 준비와 말씀을 선포하는 일은 지식의 양이 늘수록 고된 작업이 되어갔습니다.

목회를 그만두어야겠다는 생각으로 방황하던 시절도 있었습니다. 설교할 자신이 없으니 다가오는 설교 시간이 두려웠고, 평생을 그렇게 산다는 것을 상상할 수 없었습니다.

그러던 중 '우연히'(지나고 보니 하나님의 손길과 섭리였던) 군목을 위한 영성수련회에 참석해 '예기치 않은' 그러나 '예비된' 은혜를 받았고, 이 일이 새로운 목회의 장을 여는 계기가 되었습니다.

무겁고 지겹게만 느껴지던 설교 준비가 즐거운 작업이 되었습니다. 성경을 묵상할 때면 말씀이 꼬리에 꼬리를 물고 연결되어 해석되기 시작했고, 말씀이 '송이 꿀'보다 달콤하다는 말을 체감했습니다. 그때가 1990년이었습니다.

만 스물여섯이 되던 해, 저는 그렇게 소중히 여기던 주석 책을 다 치웠습

니다. 주석 없이는 설교 준비를 하지 못하던 제가 성경 말씀으로만 설교를 준비하고 말씀을 선포하게 되었습니다. 인격적으로 하나님을 만나고 난 후, 내 마음에서 읽히고 묵상하고 고백한 말씀을 선포하게 되었습니다.

그렇게 뜨거운 가슴으로 설교를 시작한 지 35년이 되었습니다. 설교를 준비하는 일이 즐겁고, 설교하는 일이 행복했습니다. 그러다 보니 하고 있는 모든 사역을 설교로 풀어내고, 설명하고, 설득하게 되었습니다.

목회자에게 '설교'는 목회에 있어 하나님께서 장착시켜주신 가장 강력한 무기라는 확신이 들었습니다. 설교 시간은 누구의 방해도 받지 않고 성령님의 도우심을 의지해 말씀을 전하는 시간이며, 성도들을 훈련하고 하나님의 사람으로 만들어가는 최적의 시간입니다.

어떤 설교와 사역보다 중요한 그 한 가지

설교에 관한 이야기를 길게 늘어놓은 이유가 있습니다. 《하나님의 마음 알기》는 바로 강력한 무기인 '설교'를 교인들을 훈련시키는 도구로 사용한 원고를 엮은 책이기 때문입니다.

모든 설교자가 경험하는 일이지만, 심혈을 기울여 준비하고 전해도 성도들은 자의적으로 그 뜻을 해석하는 경향이 있습니다. 게다가 시간이 조금만 지나면 잊어버리기도 합니다. 그래서 중요한 말씀은 계속 반복해야겠다는 결심을 했습니다.

이번에 다룬 예배, 선교 등의 주제도 20여 년의 목회 가운데 벌써 몇 번은 '사역 시리즈' 설교로 반복한 바 있습니다. 저는 이러한 사역 시리즈 설교를 통해 성도들이 교회에서 하고 있는 사역의 이유를 알아 그 사역의 주체로 참여하기를 바랐습니다.

크리스천은 신앙생활을 할 교회를 얼마든지 선택할 수 있습니다. 중요한 것은 교회를 선택한 후, 그 교회의 사역을 이해하고 동참하도록 만드는 것입니다. 무엇보다 하나님의 마음을 알고 하는 일이라야 '나의 일'이 아니라 '하나님의 일'이라 말할 수 있습니다.

그런데 이 책에 담긴 '하나님의 마음 알기' 사역 시리즈 설교는 이전의 설교와 다른 점이 있습니다. 이전에는 '사역의 효율성'에 초점을 두었다면, 이번 시리즈에서는 '아, 내가 조금만 더 일찍 깨달았더라면 좋았을 것을'이라는 저의 안타까운 마음을 나누게 되었습니다.

그렇게 오랫동안 준비하고 최선을 다해 설교했는데, 명확한 한 가지 사실을 알지 못했습니다. 어떤 설교를 하든, 어떤 생각을 하든 '하나님의 마음을 아는 것'이 가장 중요하다는 사실을 말입니다.

그래서 이 책은 김병삼 목사의 36년 사역에서 분기점을 이루는 책이 될 것 같습니다. 전에는 말씀을 가지고 교회가 해야만 하는 '사역의 종류'를 설명하려고 애썼다면, 이제는 사역을 향한 '하나님의 마음을 아는 일'이 더 중요하다는 것을 이야기하기 시작했으니 말입니다.

그리스도인의 삶과 교회의 사역이란 딱 한 가지, '하나님의 마음 알기'에서 출발해 마무리되어야 할 것입니다. '하나님의 마음'을 알게 된다면 '찐' 교회, '찐' 성도가 될 것 같습니다.

벅찬 가슴으로 2024년을 시작하는 1월부터 13주간 나누었던 '하나님의 마음'이 독자들의 마음에도 전해지기를 바라는 마음이 간절합니다.

만나교회 목양실에서

김병삼 목사

프롤로그

Contents

1

Chapter

내 마음을
잘 따라오고 있니?

빌립보서 3장 12-14절

내가 이미 얻었다 함도 아니요 온전히 이루었다 함도 아니라 오직 내가 그리스도 예수께 잡힌 바 된 그것을 잡으려고 달려가노라 형제들아 나는 아직 내가 잡은 줄로 여기지 아니하고 오직 한 일 즉 뒤에 있는 것은 잊어버리고 앞에 있는 것을 잡으려고 푯대를 향하여 그리스도 예수 안에서 하나님이 위에서 부르신 부름의 상을 위하여 달려가노라

가는 길이 분명한가?

어떤 사람이 "예수 믿으세요!"라며 노방전도를 하는데 사람들이 "저, 교회 안 나가요!"라고 반응하더랍니다. 이 사람은 예수님을 전했는데 듣는 사람들은 교회에 관한 대답으로 반응한 것이지요.

나는 예수님을 전한다고 생각하는데 사람들은 교회를 전한다고 여기고, 복음을 전해도 교회에 나가라는 얘기로 받아들일 수 있습니다. 심지어 "나는 예수님을 잘 믿기 위해 교회는 안 나갑니다!"라고 말하는 사람도 있을지 모릅니다.

게다가 전도하는 사람이 "우리 교회에 나오세요. 목사님 설교가 좋습니다!"라고 말하는 경우도 많습니다. 예수를 믿으라고 말하지만, 예수님을 믿는 것이나 예수 믿는 사람으로 살아가는 게 자랑스러운 일이라고 말하는 것 같지는 않습니다.

교회에서 예배를 드린다 해도 우리가 하나님과 관계가 없다면, 사람들은 우리를 가리켜 "저 사람은 교회 다녀"라고 하지, "하나님을 믿는 사람이야”라고 말하지는 않을 수도 있습니다.

하나님이 세상을 이처럼 사랑하사 독생자를 주셨으니 이는 그를 믿는
자마다 멸망하지 않고 영생을 얻게 하려 하심이라 **요 3:16**

성경은 하나님이 우리를 너무 사랑하셔서 우리에게 독생자를 주셨
고, 그를 믿는 자마다 멸망치 않고 구원을 얻게 하려 하셨다고 말씀
합니다. 이 구원은 우리의 노력이 아니라 하나님의 은혜로 얻는 것이
지요. 마르틴 루터가 종교개혁의 모토로 삼은 로마서 1장 17절, “오직
의인은 믿음으로 말미암아 살리라!”라는 말씀은 스스로 구원을 이루
려는 사람들에게 ‘구원’은 하나님의 은혜로 이루어지는 거라고 선언
합니다.

우리는 하나님의 은혜로 이 구원을 받았고, ‘하나님의 은혜를 입고
구원받은 백성이 된’ 이 복음을 믿는다고 생각합니다. 그런데 정작 중
요한 건 ‘이 복음을 어떻게 살아내느냐’입니다.

구원의 은혜를 입은 자로 살려고 하지 않기에 문제가 생깁니다. 분
명히 하나님의 은혜를 입었다고 말하는데, 은혜를 입은 자의 삶의 모
습이 보이지 않습니다.

그래서 야고보서 기자는 사람들을 향해 “여러분에게 구원받은 자
로서의 행함이 없다면 그 구원은 가짜입니다. 사실은 구원받은 것이
아니라 스스로 속이는 것입니다”라고 경고했습니다. 구원받은 사람

은 자신의 삶으로 구원을 고백하고, 마땅한 사역의 자리로 나아가 은혜에 합당한 삶을 살아야 합니다.

오늘 우리에게 진정 필요한 복음은, 우리를 향한 하나님의 마음을 알고, 우리를 이끌어 가시는 성령님께 순종하며, 예수님이 우리를 구원하기 위해 행하신 것을 진심으로 믿고 따르는 것입니다.

빌립보서는 사도 바울이 빌립보교회에 보낸 편지로, 말년에 감옥에서 쓴 것입니다. 살날이 별로 남지 않은 그의 고민은 '내가 지금까지 주님께서 나를 부르셨다고 생각하고 열심히 살아왔는데, 이것이 맞는가? 내가 제대로 살아가고 있는가?'였습니다. 그래서 그는 "내가 그리스도 예수께 잡힌 바 된 그것을 잡으려고 달려가노라"라며, 자신의 삶을 점검합니다.

> 내가 이미 얻었다 함도 아니요 온전히 이루었다 함도 아니라 오직 내가 그리스도 예수께 잡힌 바 된 그것을 잡으려고 달려가노라 **빌 3:12**

길을 가다가 앞에 지인이 보여 열심히 달려가서 어깨를 툭 쳤는데, 그가 돌아보며 "누구세요?"라고 한다면 얼마나 당황스러울까요. 하물며 하나님을 믿으며 열심히 살았다고 생각하고 하나님 앞에 가서 섰는데 하나님께서 "너는 누구니?"라고 하신다면 얼마나 불행할까요! 하나님께 부르심을 받고 평생 살다 마지막에 버림받으면 얼마나 비참할까요!

우리에게 정말 필요한 것은 '얼마나 열심히 살았느냐'가 아니라 '얼마나 하나님 앞에 잘 살았느냐'입니다. 그러므로 열심히 달려가는 인생 한가운데서 잠시 숨을 가다듬고, 지금 가고 있는 삶의 방향이 맞는지 점검할 필요가 있습니다. 당신은 하나님 앞에서 잘 살아가고 있다고 말할 수 있습니까? '내가 이렇게 살다 하나님께 가도 된다'라고 생각하나요?

교회의 사명, 나의 사역

그 연장선상에서 이러한 점검도 필요합니다. 지금 당신은 사명에 충실한 사람인가요? '사명'이 모든 사람에게 동일한 것은 아니지만, 하나님께서 모두에게 합당한 사명을 주신 건 분명합니다. 그러므로 우리가 물어야 할 가장 중요한 질문은 '나는 나를 부르신 그 부르심에 충실한가?'입니다.

저는 하나님께서 모든 교회에도 사명을 주셨다고 생각합니다. 그런데 그 사명이 다 똑같지는 않습니다. 당신은 이 땅의 많고 많은 교회 중 한 교회에 다니며 예배드리고 있을 것입니다. 그렇다면 당신은 그 교회가 받은 사명 안에서 어떤 사명자로 살아갑니까? 이것을 묻지 않는다면, 그 교회에서 예배를 드려야 하는 이유가 무엇인지 다시 생각해봐야 합니다.

"이 세상의 많은 교회 중에 그 교회를 시작하게 하신 하나님의 이유가 지금도 분명한가? 모든 교회가 하기 때문에 우리 교회도 하는 것, 모두가 하지 않기 때문에 우리도 하지 않는 것이 아니라 우리 교회가 해야 하는 것은 무엇인가?"

_《노스포인트 교회 이야기》(앤디 스탠리, 디모데) 中에서

언젠가 이 글을 읽으며 저는 '아, 교회의 진정한 가치는 어떤 교회가 옳고 그른가가 아니라 하나님께서 이 교회를 세워 주셨을 때 그 사명이 무엇이고 어디를 향해 가고 있는가에 있는 거구나!' 하고 가슴이 뛰었습니다. 이것이 분명하지 않으면 교회가 외형이나 교인 수나 재정을 좇아갈 수 있습니다. 사명을 명확히 하지 않으면 누가 하는 일을 따라 하고 말 것입니다.

교회사를 보면, 50년 이상 부흥하며 영속하는 교회가 없다는 게 참 안타깝습니다. 그 이유는 잘나갈 때 하나님의 마음을 잃기 때문입니다. 그러면 아무리 큰 교회라도 한순간에 무너져 내리지요. 그러니 우리 교회가 '지금 무엇을 하느냐'보다 '우리 교회가 어떤 교회인지 아는 것'이 중요하다고 생각합니다.

자신의 교회가 가지고 있는 사명에 헌신하는 구체적인 행동을 '사역'이라고 합니다. 즉, 하나님께서 사명으로 나를 부르셨을 때, '우리 교회'에 주신 그 사명을 이루기 위해 내가 무엇을 하느냐에 대한 부분이지요.

삶에 분명한 사명과 사역이 정해지지 않으면, 그저 누가 하는 것을 따라 살다가 인생을 마감할 수 있습니다. 하나님의 마음을 아는 사람은 그 삶이 자신의 사명 및 사역과 분명히 연결되고, 사명과 사역이라는 이 두 단어가 항상 마음에 살아 있어야 합니다.

신앙이 성장하기 위해 하나님의 마음을 아는 것보다 더 중요한 것은 없습니다. '우리를 향한 하나님의 마음'을 알 때, 우리는 신실한 신앙인이 됩니다. 그러면 얼마나 귀한 삶이 될까요!

그런데 신실함에서 끝나는 게 아니라, 그것이 충성스러움으로까지 이어지면 좋겠습니다. 이 땅 위에 서서 신실하게 살아가되, 충성스러운 사람으로 하나님 앞에 서는 게 참으로 중요하기 때문입니다.

예수님은 "주는 그리스도시요, 살아계신 하나님의 아들이시니이다"(마 16:16)라는 베드로의 고백 위에 교회를 세우셨습니다. 그러므로 교회의 가장 명확한 정의는 예수님을 삶에서 '주님'으로 고백하는 사람들의 공동체라고 할 수 있습니다. 그렇다면 '어떻게 충성스러운 삶을 살아갈 것인가'가 교회에 모인 우리에게 주어진 숙제입니다.

나와 달라도 함께 갈 수 있는 이유

예전에 만나교회에서 향후 10년간 우리 교회의 사명 우선순위는 무엇이 되어야 할지를 놓고 전 교인이 투표를 했는데, 놀랍게도 1위부터 9위까지 우선순위가 정해졌습니다.

가장 중요한 우선순위는 하나여야 하지 않습니까? 그런데 모두의 생각이 같지 않고, 각자의 우선순위가 달랐습니다. 서로가 원하는 교회가 이렇게 다를 수 있고, 내가 생각하는 우선순위가 저 사람에게는 아닐 수도 있다는 것을 깨닫게 되었습니다.

우리가 교회에서 종종 범하는 오류가 있습니다.

"우리, 마음을 같이합시다."

목회하면서 저는 '교회는 절대로 사람들의 마음을 합할 수 없는 곳'이라는 것을 느끼곤 합니다. 교회 공동체는 서로의 마음을 맞추는 곳이 아니고, 서로 다른 마음을 가진 사람들이 '주님의 마음'이 무엇인지를 알고 행하는 곳입니다.

교회가 "우리, 같은 마음으로 신앙생활을 합시다"라고 한다면, 한 사람의 리더를 중심으로 하나님을 대신하는 이단이 되든가, 동일한 신앙 패턴을 만들기 위해 누군가를 향하여 잔혹하게 율법주의의 잣대를 들이대는 현상이 공동체 안에 나타날 것입니다.

그동안의 교회 역사를 보면, 하나님의 마음을 따르는 대신 교회의 마음을 모으려고 했던 시도들 때문에 얼마나 많은 이단과 잘못된 율법주의가 만들어졌는지 모릅니다.

푯대를 향하여 그리스도 예수 안에서 하나님이 위에서 부르신 부름의 상을 위하여 달려가노라 **빌 3:14**

"푯대를 향하여"를 묵상해 보면, 그에게는 처음부터 부르심을 따라가고자 하는 목표점이 있었다는 걸 알 수 있습니다. 그리고 끝까지 그러겠다고 하는 그에게 굉장히 중요한 기준이 있었지요. 바로 "예수 안에서"입니다.

그의 부르심의 목표점은 물리적인 지점이 아니라 '예수 안에서'였습니다. '하나님의 부르심'을 받고 '최후의 승리'를 믿으며 시작했던 길이 '예수 안'에 있었습니다. 사역의 테두리 안에서 '내가 예수 안에 있는가?'라는 물음이, 그가 올바른 푯대를 향하고 있는지를 생각하게 했습니다.

중요한 것은 그에게 찾아온 두려움입니다. 처음 시작할 때의 마음이 아직도 남아있는지, 자신도 모르는 사이에 변해버리지는 않았는지. 자신의 사역이 마지막을 향하던 그 시점에 그는 지금 자신이 서 있는 자리가 어디인지를 점검합니다.

사도 바울의 고백에서 우리가 도전받아야 할 부분이 보입니다. 언제부터인가 우리가 교회에서 하는 일이 '서로의 마음 맞추기'가 되지는 않았는지, 또한 '우리의 꿈'이 하나님의 소원과 여전히 일치하는지 말입니다.

하나님의 마음이 아닌 서로의 마음을 맞추려고 하면 '다른' 것을 자꾸 '틀린' 것이라고 말하게 됩니다. 복음을 벗어난 죄악 된 것은 분명히 틀린 것이지만, 복음 안에 있다면, 나와 다를 뿐임을 인정해야 합니다.

예수 안에서 하나님의 마음이 있는 것이라면, 내 생각과 다르더라도 함께 갈 수 있는 것이 교회 공동체입니다. 하나님의 마음을 알 때 다른 사람과의 동역이 이루어집니다.

'우리' 교회를 향한 하나님의 마음

교회 우선순위의 투표 결과 앞에서 저는 근본적인 물음을 다시 확인해야 했습니다. 우리 교회의 사명이 무엇이고, 하나님이 왜 우리를 부르셨는지 말입니다.

지금 우리가 무엇을 할지를 정하는 것보다 우리가 하고자 하는 그 일에 '하나님의 마음'이 있는지를 확인하는 것이 중요했습니다. 교회마다 다양한 프로그램과 사역이 있지만, 그런 일들이 얼마나 하나님과 연관이 있다고 말할 수 있을까요?

예수님의 사역을 가만히 들여다보세요. 그분은 늘 하나님의 마음을 알기를 원하셨고, 이 땅 위에 하나님의 나라를 만들어가기를 원하셨습니다.

하나님의 마음을 아는 교회가 된다는 것이 우리의 마음을 맞춰 '멋진 일'을 하기를 꿈꾸는 것이 아니라면, 우리가 진정으로 겸손하게 섬기며 해야 하는 일은 무엇인지를 분명하게 알아야 합니다. 이것이 우리의 신앙과 사역을 다지는 일입니다.

그리고 우리 교회가 여러 사람의 의견에 따라 프로그램에 집중하는지, 아니면 서로 생각이 다른 사람들이 '하나님의 마음이 있는 곳에 우리의 사명도 있다'라는 확신으로 살아가는지도 확인해야 했습니다. 하나님께서 처음 만나교회를 세워주셨을 때 우리에게 주신 마음이 끝까지 있는지, 이것을 계속 갖고 갈 수 있는지가 분명해야 했기 때문입니다.

이것은 그렇게 생각하는 우리 교회만이 올바른 일을 하고 있다는 말이 아닙니다. 어느 교회든 "우리 교회만이 옳다"라는 건 절대 존재하지 않습니다. 다만, 복음을 벗어나 예수 안에 있지 않은 일은 틀린 것입니다. 이것은 구별할 수 있어야 합니다.

각 교회에는 그 교회의 사명이 있으므로 서로 다른 교회에서 하는 일을 존중해야 합니다. 하나님께서 교회마다 그 교회에 합당한 사명을 주셨습니다. 이 땅에 교회가 많은 것은 모든 교회가 서로 자기가 옳다고 싸우는 것이 아니라, 교회마다 그 사명에 맞는 사명자가 모여 함께 하나님의 나라를 아름답게 만들라는 하나님의 뜻일 거라고 믿습니다.

그것을 알 때, 서로 다른 교회를 존중하고 교인들도 서로 존중할 수 있으며, 나와 생각이 달라도 함께하는 공동체를 만들 수 있을 것입니다.

2023년에 만나교회에서 '우리가 다시 꿈꾸는 교회'라는 시리즈로 말씀을 나눌 때 어떤 분이 제게 물었습니다.

"목사님, 늘 하나님 중심의 신앙과 교회가 되자고 하시면서 왜 '우리가 꿈꾸는 교회'를 이야기하시나요?"

그 분에게 저는 제가 '꿈꾸는 교회'를 이야기할 때 그 꿈은 '우리'의 꿈이 아니라고 대답해드렸습니다. 우리 교회가 꾸는 꿈은 우리가 하나님의 소원과 그분의 마음을 알고, 그것을 이루는 교회가 되는 꿈입니다.

저는 우리 교회가 하는 일이 정답이라거나 우리의 길만이 하나님의 길이라고 생각지 않습니다. 다만 그 일들이 '하나님의 마음'이 있는 일인지를 분명히 물으며 나아갈 것입니다. 우리 교회의 사명, 우리 교회를 향한 하나님의 마음이 무엇인지를 아는 것이 가장 중요하기 때문입니다.

푯대를 향할 때 포기할 것이 있다

> 형제들아 나는 아직 내가 잡은 줄로 여기지 아니하고 오직 한 일 즉 뒤에 있는 것은 잊어버리고 앞에 있는 것을 잡으려고 **빌 3:13**

사도 바울은 빌립보 교인들에게 지금 자신의 문제는 지금까지 붙잡고 살아온 것이 아니라 푯대를 향해 앞으로 달려가면서 포기할 것이 있다는 거라고 이야기하고 있습니다. 지금 잡고 있는 게 전부가 아니고, 앞으로 달려갈 길을 가기 위해 놓을 것이 있다는 거지요.

선택과 포기는 동의어입니다. 포기하지 않으면 선택할 수 없습니다. 하나님께서 주신 사명의 길을 끝까지 가기 위해 우리가 붙잡아야 할 것이 있고, 놓아야 하는 게 있습니다.

내가 지나온 길, 가고 있는 길, 그리고 가야 할 푯대가 분명한가를 점검해보십시오. 놓아야 하는 것 때문에 조금은 아플 수도 있고, 가야 할 길 때문에 헌신해야 할 것도 있습니다. 그런데 그것이 바로 우리가 절대로 놓칠 수 없는 '사명'이어야 합니다.

저는 만나교회 담임목사로서 더는 예배를 늘리지 않고, 건물을 사거나 더 건축하지도 않을 것을 결심했습니다. 하나님께 기도드렸으며 장로님들과도 이 이야기를 나누었습니다. 이렇게 한 것은 우리 교회의 가치와 사명이 더 많은 사람이 모이는 것과 건물에 있지 않음을 분명히 하기 위해서입니다.

하나님이 우리 교회를 세우신 이유와 가치는 몇 번의 예배를 드리면서 얼마나 더 커지는가가 아니라 이곳에서 예배드리는 사람들이 얼마나 더 하나님 앞에 신실하게 예배드리느냐에 있다고 믿고, 그것에 가치를 두려고 합니다(교회의 가치를 예배의 횟수에 두지 않겠다고 결심한 것이지, 많은 예배를 드리는 교회가 잘못되었다는 건 아닙니다. 우리 교회도 제 은퇴 후 후임 목사가 왔을 때는 또 달라질지도 모르며, 그것은 틀린 게 아닙니다).

저는 '효율성'이라는 말을 참 좋아합니다. 누군가는 "아니, 하나님의 일이 효율성 가지고 되는 겁니까?"라고 말할지도 모르겠는데, 제가 말하는 효율성은 단순히 세상 가치로 최대한의 가치를 창출하는 게 아닙니다. 가장 효과적으로 '하나님의 마음'을 드러내는 일이야말로 교회가 추구해야 하는 '효율성'이라고 믿습니다.

저는 하나님의 일을 잘하고 싶고, 하나님의 일을 할 때는 올바른 방향으로 가고 싶습니다. 그래서 우리 교회에서 일어나는 일들과 많은 변화가 올바른 방향으로 가기를 바랍니다.

사명을 위해 잡을 것과 놓을 것

저는 25세에 영월에서도 한 시간을 차 타고 들어가는 시골에서 목회를 시작했습니다. 김씨 씨족 마을로, 교회 나오는 게 얼마나 힘든 곳이었는지 모릅니다. 교인이 단 두 명이었는데 하나님의 은혜로 마을 사람들이 하나둘 교회에 나오기 시작했지요. 그러나 그때 저는 은혜를 받지도 않았고, 사명감도 없는 새파란 전도사였습니다.

농번기나 추수철이 되면 사람들이 주일 새벽에 시도 때도 없이 사택 문을 두드렸습니다. 자다가 그 소리에 깨어 시계를 보니 새벽 4시. 문을 열고 나가면 일하러 가야 하니 예배드려달라고 했습니다. 그래서 그 몇 명을 데리고 얼떨결에 예배를 드렸습니다.

마치고 다시 들어가서 자는데 6시에 또 누가 문을 두드립니다. 이번에도 몇 사람이 와서 예배를 드려달라고 했습니다. 그래서 그때도 예배를 드리고 오전 11시에 정식으로 예배를 드렸습니다. 젊고 어린 저는 그런 사람들을 이해하지 못해서 화가 났습니다.

'아니, 신앙생활을 하려면 좀 제대로 해야지. 예배 시간도 못 지키고 저렇게 신앙생활을 해? 저 사람들을 좀 고쳐야겠어.'

세월이 많이 흘렀고, 종종 그때 일을 기억할 때마다 너무 부끄럽습니다. 그때는 제 마음에 들지 않아서 화가 났습니다. '주일 예배 시간도 지키지 못하고 신앙생활을 하려는 사람들'을 제 기준으로 판단하고 정죄했지요.

지금의 마음으로 다시 그곳에서 목회한다면 절대 그러지 않을 것 같습니다. 제 가치와 기준을 내려놓고, 그들이 하나님을 더 알아갈 수 있도록 좀 더 기다려주고 인내하며 사랑할 수 있을 것 같습니다.

이제 처음 예수를 믿기 시작한 사람들이 농번기에 일하러 가야 하는데도 '그래도 일하러 가기 전에 예배를 드려야 된다'라며 찾아온 그 마음이 너무 귀해서 감격스러웠을 것 같습니다. 그들 안에 하나님의 마음이 있었습니다. 하나님의 마음이 보이면 나와 같지 않은 생각, 내가 수용할 수 없는 생각도 내 안에서 수용됩니다.

제게서 목회자의 권위보다는 하나님의 마음이 보이면 좋겠다는 생각을 갈수록 자주 하게 됩니다.

그리고 한 교회의 담임목사로서 교인들을 바라보면서 안타까움을 느낄 때가 종종 있습니다. '아, 저렇게 오래 신앙생활을 하고 예수를 믿는데 왜 하나님의 마음이 잘 보이지 않을까? 왜 평생 신앙생활 하면서 스스로 믿어왔던 자기 확신을 배설물처럼 여기지 못하고 하나님의 마음을 따라가지 못할까?'라고요.

푯대를 향해 달려간다는 것은 어떤 고상한 교양이 아니며 그가 가진 지식을 자랑하는 것도 아닙니다. 사도 바울의 회심이 진실한 것은 그리스도를 얻기 위해 이전에 귀하게 여기던 것을 '배설물'로 여길 수 있었기 때문이고, 가장 고귀한 것을 얻기 위해 고귀하지 않은 것을 버리는 용기와 행동이 있었기 때문입니다.

> 또한 모든 것을 해로 여김은 내 주 그리스도 예수를 아는 지식이 가장 고상하기 때문이라 내가 그를 위하여 모든 것을 잃어버리고 배설물로 여김은 그리스도를 얻고 그 안에서 발견되려 함이니… **빌 3:8,9**

'하나님의 마음을 알기에 내가 알고 내가 주장하던 것들을 기꺼이 배설물로 여길 용기가 있는지' 스스로 물어봐야 합니다.

사도 바울이 옳다고 생각했지만, 그가 푯대를 향해 갈 때 하나님의 일을 위하여 배설물로 여길 수 있었던 일들. 하나님의 사명을 위하여 내가 놓을 수 있다고 생각했던 그 일이 당신에게는 어떤 것들인가요?

복음 마케터의 '환경' 만들기

처음 만나교회에서 목회를 시작할 때 저는 하나님께서 제게 주신 마음을 따라, 교회에 처음 나오는 사람들과 다음 세대, 교회에 익숙하지 않은 사람들을 위한 교회가 되겠다고 결심했습니다.

그래서 교회에 잘 다니지 않는 사람들, 특히 아내를 따라서 어쩌다 교회에 나오는 남자분들을 배려하고, 예배에 익숙하지 않은 사람들이 예배를 잘 드릴 수 있게 돕고자 20년 동안 많은 사역을 해왔습니다.

그런데 얼마 전 어느 주일, 예배 전후로 로비에 서서 오가는 사람들을 가만히 지켜보면서 교회를 처음 방문하는 사람들이 얼마나 불편해하는지를 보게 되었습니다.

우리에게 이미 익숙해진 것이 누군가에게는 참 불편할 수 있고, 하나님께서 우리 교회를 부르신 이유와 많이 동떨어져 있을 수 있겠다는 생각이 문득 들었습니다.

모든 그리스도인이 '복음 전하는 것'을 의무라고 생각하지만, 복음을 어떻게 전할지는 고민하지 않는 것 같습니다. 복음을 전하는 수단도 매우 중요한데 이것을 '환경'이라고 말합니다. 누군가 우리 교회를 방문하고 난 후에 떠오르는 이미지가 있다면 그것은 '복음'의 문제가 아니라 교회의 '환경'일 확률이 높습니다.

저는 말씀 준비를 참 열심히 합니다. 하지만 말씀을 들을 수 있고 예배에 참여하도록 하는 환경이 어쩌면 더 중요할 수 있다는 생각도 듭니다. 오늘 처음 교회에 나온 사람이 예배를 마치고 돌아가면서 이 교회를 계속 다닐지 말지를 결정하는 건 설교가 아니라 '환경'일 때가 많으니까요. 그래서 "설교는 주차장에서부터 시작됩니다"라는 말을 자주 하지요.

많은 교회에서 '주차장 불편'이 큰 문제입니다. 그런데 우리가 언제까지 주차장 때문에 불만을 품어야 할까요? 처음 예배를 드리러 오는 사람을 위해 내가 기꺼이 주차장을 포기할 용의는 없는 걸까요? 교회에 처음 오는 사람에게 가장 편안한 주차장을 제공하는 것은 그에게 "우리는 준비하고 당신을 기다렸습니다!"라는 무언의 메시지와도 같을 것입니다.

'One less click'(한 클릭 덜 하기)을 핵심 주제어로 제시한 모 그룹의 2024년 신년사에서는 "온라인 유통에서 고객들이 경쟁사보다 클릭한 번 덜 하도록 배려하고 전반적인 업무방식에서도 'one less click'으로 효율성을 높여야 한다"라며, 그렇게 할 때 필연적으로 'one more step'(한 걸음 더)으로 나아가게 된다고 했습니다.

내가 꼭 하고 싶은 이야기를 이 기업이 하고 있었습니다. 우리 그리스도인과 교회는 하나님께서 주신 이 좋은 '복음'을 세상 사람들에게 알리는, 말하자면 이 세상에 복음을 마케팅하는 존재입니다. 그러기 위해 우리는 지금 무엇을 하고 있나요? 복음을 전해야 한다고 생각은 하지만 과연 복음을 전하는 환경을 만들고 있나요?

결국 복음 자체가 아니라 이 복음을 잘 전하기 위해 무엇을 하느냐의 문제입니다. 복음을 전하는 열정이 있다 해도 복음의 환경을 만들기 위한 수고가 없다면 방향을 점검해볼 필요가 있습니다.

얼마 전, 백화점에서 어떤 매장을 찾다가 한 직원에게 물었더니 잘 모르겠다며 키오스크에 가서 찍어보라고 했습니다. 그는 좀 언짢아진 제 표정을 읽었는지 "죄송합니다. 제가 매장이 어디 있는지 몰라서 그러니 가서 찍어보세요"라고 정중히 말했지만, 그 층에서 일하는 사람이라면 적어도 어떤 매장이 어디에 있는지 정도는 숙지해야 정상이라고 생각합니다.

저는 그런 요구를 목회자들에게 합니다. 얼마든지 그냥 예배드리고 사역할 수도 있지만, 목회자라면 여기에 들어오는 교인들에게 무엇이 불편한지를 알고, 복음을 듣고자 오는 사람들에게 어떻게 좋은 환경을 만들어줄까를 고민해야 한다고요. 그것을 하지 않는다면 직무 유기입니다.

교인들도 마찬가지입니다. 하나님께서 복음을 전하기 위해 우리를 부르셨습니다. 그러므로 복음을 전하는 데 방해가 되는 환경을 만드는 사람이나 공동체는 자신의 부르심과 사명에 대해 직무 유기를 하는 것입니다.

만일 지금 교회에서 예배드리는 것에만 만족한다면 교회는 사라지게 될 것입니다. 끝까지 하나님의 사명에 붙들린 바 되어 쓰임 받는 것, 그리고 하나님이 우리의 교회들을 그렇게 사라지게 하지 않으시는 건 너무나 중요합니다.

촛대를 옮긴다는 건 무서운 일입니다. 물론 교회가 사라져도 복음은 사라지지 않지만, 하나님은 쓰실 수 없는 사람을 쓰지 않으십니다. 우리가 없어도 하나님이 그분의 일을 하시는 데는 아무 문제가 없습니다. 그러나 하나님 앞에 부름받은 사람이라면 그분을 위해 쓰임 받는 인생이 되어야 하지 않을까요!

사명을 위해 사역은 변화할 수 있다

2차 세계대전 때 있었던 일입니다. 미국의 군함이 운항하고 있는데, 전방에 불빛이 반짝반짝했습니다. 군함에서는 충돌을 막기 위해 상대방에게 항로를 바꾸라고 무전을 보냈습니다. 그런데 상대편에서 "우리는 못 바꾼다. 너희가 항로를 바꿔라"라는 신호를 보냈습니다. 군함의 선장이 화가 나서 "우리는 전투함이다. 당장 진로를 변경하라"라고 다시 신호를 보내자, 상대편에서 이렇게 응답이 왔습니다.

"우리는 등대다."

사명은 마치 등대와도 같아서, 등대가 움직일 수 없듯이 사명도 바뀌지 않습니다. 그러나 사역은 푯대, 즉 등대를 향해 가는 여러 가지 길과 같아서, 사명을 이루는 방법은 언제든지 바뀔 수 있습니다.

이 세상에는 변할 수 있는 것과 변할 수 없는 것이 있습니다. 하나님께서 이 땅 위에 '교회'를 세우신 것, 그리고 그 많은 교회 중에 당신의 교회를 세우신 이유가 '그 교회에서 담당할 특별한 사명이 있기 때문'이라는 사실은 변할 수 없습니다. 그에 비해 '사역'은 물러설 수 없는 교회의 사명을 이루기 위해 우리가 해야 하는 '일'이므로 사역의 모델이나 프로그램은 시대와 환경에 따라 변할 수 있습니다.

비유적으로 말한다면, 때로 장애물이 있으면 피해갈 수 있고, 배가 없을 때는 튜브를 탈 수도 있고, 능력이 있다면 수영을 할 수도 있다는 것입니다. 중요한 것은 푯대, 즉 가고자 하는 그곳까지 사명의 길을 가야만 한다는 거지요.

우리 교회의 사명은 예배에서부터 출발합니다. 우리 교회는 여러 번의 예배를 다른 형식으로 드리는데, 담임목사나 목회자나 기존 신자가 원하는 예배가 아니라 아직 예배에 들어오지 못하는 사람을 위해 준비된 예배여야 한다고 생각하기 때문입니다.

하나님은 형식에 매이는 분이 아니기에, 이것은 하나님의 문제가 아니라 예배를 드리는 사람들이 하나님과 친숙해지기 위해 만든 형식입니다. 예배의 다양한 변화는 변화 그 자체가 목적이 아니고, 교회의 사명과 비전을 수행하기 위해 자연스럽게 따라오는 것이지요.

저는 사역자들에게 종종 "우리가 지금 하는 일은 우리 사명의 최선입니까?"라고 질문합니다. 하나님을 믿는 우리가 그냥 어떻게 '되어지는' 인생이 아니라, 우리에게 주신 사명을 감당하기 위해 최선을 다하며 사는 인생이면 좋겠습니다.

사역자든 교인이든, 만일 우리 교회가 지금 예배를 드리는 교회로 만족하며 사명을 다한다고 생각한다면, 최선을 묻는 고민은 필요 없을 것입니다. 하지만 아직 복음에 익숙하지 못한 사람들, 이런저런 이유로 교회를 떠나간 사람들, 어려서는 부모의 강요로 교회를 다녔지만 이제 자신의 선택과 의지로 신앙생활을 해야 하는 젊은 세대를 위한 교회가 되기를 원한다면, 그런 사명을 이루기 위해 끊임없이 고민하며 변화해야 할 것입니다.

그래서 저는 우리 교인들에게 우리가 드리는 예배 가운데 '하나님의 마음'이 있는지를 늘 확인하도록 당부합니다. 그 마음을 알고, 그

분이 주신 사명과 비전을 수행하고자 하는 마음이 있다면 변화를 유연하게 수용할 수 있을 것입니다. 그래서 "우리가 할 수 있는 최선의 일은 무엇인가?"라는 물음은 늘 동일하지만, 그 답은 늘 다른 프로그램으로 나올 수 있습니다.

우리가 하는 일들이 눈에 좋게 보인다고 다 옳은 건 아닙니다. 좋게 보인다는 것은 '옳다'가 아니라 그저 '익숙하고 편리하다'라는 뜻일 수 있습니다. 이것은 정말 무서운 이야기가 될 수도 있습니다. 그런 면에서, 우리가 이해하지 못한다고 해서 틀린 건 아니라는 것 또한 명심했으면 좋겠습니다.

누군가 우리 교회에서 하는 일들과 전해지는 말씀에 불쾌해할지도 모릅니다. 복음은 세상과 충돌하기 때문입니다. 하지만 분명한 것은 사명에 충실하기 위해 우리는 복음에 반응해야 한다는 것입니다. 누군가 말씀을 듣고 가장 고귀한 것을 발견하도록 해야 합니다.

그리고 내가 하나님 앞에서 고백하고 우리 교회가 바로 그곳에서 고백했던 가장 고귀한 것이 거짓이 아님을 증명하기 위해 끝까지 푯대를 향해 달려가야 합니다.

네 마음뿐 아니라
몸도 드려야 한단다

로마서 12장 1,2절

그러므로 형제들아 내가 하나님의 모든 자비하심으로 너희를 권하노니 너희 몸을 하나님이
기뻐하시는 거룩한 산 제물로 드리라 이는 너희가 드릴 영적 예배니라 너희는 이 세대를 본
받지 말고 오직 마음을 새롭게 함으로 변화를 받아 하나님의 선하시고 기뻐하시고 온전하
신 뜻이 무엇인지 분별하도록 하라

예배가 가장 중요하다

예배를 가리켜 일반적으로 "예배드리다", "예배를 보다", "예배하다"와 같이 표현하는데 어떤 것이 맞을까요? 예배는 한자로 예도 '례'(禮), 드릴/절할 '배'(拜)를 씁니다. 그러므로 문법적으로는 '예배드리다'가 아니라 '예배하다'가 맞는 표현이지요.

"예배 본다"라는 말은 예배를 구경하는 느낌이 들어서 부정적으로 생각하는 사람들도 있습니다. 그런데 동화작가 고 권정생 선생이 이런 이야기를 한 적이 있습니다. 우리나라 사람들이 예전에 "잔치 보러 간다", "상주 보러 간다"라는 표현을 썼는데 이것은 그냥 구경 간다는 뜻이 아니라 "잔치에 참여하러 간다", "위로하러 간다"의 의미라는 것이지요. 따라서 "보다"는 단순히 관객이 되는 게 아니라 참여한다는 의미가 있으니 "예배 본다"라는 말이 틀린 표현은 아닙니다.

'예배드리다', '예배 보다'가 관념적으로 잘 이해되고 있다면 어떤 표현을 사용하든 그 표현 자체를 지적할 필요는 없다고 생각됩니다.

모든 교회가 마땅히 그렇겠지만, 만나교회는 예배를 가장 중요하게 여깁니다. 저도 목회자들과 늘 "우리는 예배에 목숨을 건다"라고 이야기하고, 저를 포함해 찬양팀과 예배팀 모두가 정말 준비를 많이 합니다. 예배 준비를 철저히 하다 보니, 첫 찬양부터 모든 게 예배에 맞추어져 있습니다.

요즘도 CTS-TV에서 주일예배를 생방송으로 내보내고 있는데, 방송국에서 성탄예배나 송구영신예배 등도 생방송하고 싶다는 연락이 오기도 합니다. 제가 예배팀에게 나눈 우리의 기준은 명확합니다. 예배는 어떤 것에 의해서도 침해받을 수 없다는 게 저와 우리 교회의 중요한 목회 철학 중 하나입니다.

우리가 준비하고 드리는 예배를 누군가와 함께 드리는 건 좋지만, 방송을 이유로 예배 순서나 시간 등에 제약이나 침해를 받는다면 절대로 방송에 내보내지 않습니다. 우리 예배의 가장 중요한 목적은 방송에 나가는 것이 아니라 하나님께 온전히 예배드리는 데 있기 때문입니다.

하나님께서 이 땅에 교회를 세우신 가장 큰 이유는, 교회를 통해 구원과 생명의 소원을 이루시기 위해서입니다. 이 땅 위에 교회를 세워주셨을 때, 하나님은 이 땅에 소망이 되는 일들을 교회를 통해 이루기를 원하셨습니다. 그래서 만나교회의 슬로건은 "교회가 이 땅의 소망입니다!"이며 저는 교회가 이 땅의 소망이 되어야 한다고 생각합니다.

교회는 '교회를 세우신 하나님의 마음'이 있는 교회가 될 때 이 땅의 소망이 될 수 있으며, 이 땅에 소망을 줄 수 없다면 더는 그 존재 가치가 없습니다. 그러므로 우리는 우리를 부르시는 그 부르심(사명)에 거룩하게 응답하고 있는지를 끊임없이 물어야 합니다. 하나님의 마음을 제대로 알 때, 아주 선명한 '사명'이 마음속에 들어옵니다.

만나교회 목회를 시작하면서 저는 '우리 교회가 이 땅의 소망이 되기 위해 이런 교회가 되었으면 좋겠다'라는 마음으로 사명 선언문을 이렇게 정리해보았습니다.

하나님의 임재를 경험한 예배자들이
예수님의 말씀으로 훈련된 제자가 되어
성령의 능력으로 지역과 세상을 섬긴다

'예배, 훈련, 섬김'이 교회의 세 가지 축이고, 이 중 가장 중요한 부분이 바로 예배입니다. 교회는 무엇보다 하나님을 예배하는 자들의 공동체이고, 우리의 목적은 모임이 아니며 이 세상을 섬기기 위해 부름을 받았다는 것을 분명히 합니다.

우리는 예배를 통해 하나님과 동행하고 교제하며, 세상을 변화시키고 섬기는 힘을 얻습니다. 하나님의 마음과 관점으로 예배드리고 섬길 때 교회는 진정한 힘이 생깁니다.

너희 몸을 드리라

그러므로 형제들아 내가 하나님의 모든 자비하심으로 너희를 권하노니 너희 몸을 하나님이 기뻐하시는 거룩한 산제물로 드리라 이는 너희가 드릴 영적 예배니라 **롬 12:1**

로마서 12장 1,2절만큼 예배에 대해 명확하게 보여주는 구절이 드문 것 같습니다. 1절에서 "드린다"라는 말을 생각해보려고 합니다. 종종 삶을 헌신하는 사역자들을 통해 "주님, 제 몸을 당신께 드립니다. 제 모든 것을 드리오니 마음대로 사용해주세요!"라는 말을 듣곤 합니다.

언젠가 저는 그 말을 듣고 '과연 내게 저런 믿음이 있나?' 하며 위축되었습니다. 저는 그런 고백을 해본 적이 없고 그렇게 고백할 자신도 없었기 때문에, 선교지에 나가서 하나님께 삶을 드리는 분들을 보면 내가 참 부끄럽다는 생각이 들고, 그것이 사역 콤플렉스가 되었습니다.

그런데 제가 말씀을 준비하면서 '나를 드린다'라는 부분에서 딱 걸려 있을 때, 하나님께서 제 마음에 이런 생각을 주신 적이 있습니다.

'입장을 한번 바꿔놓고 생각해보아라. 나를 드린다는 말이 그렇게 위대해 보이냐?'

그래서 제가 하나님께 저를 드린다고 생각해보니 '하나님이 쓰시는

데 괜찮으실까?' 싶더군요. '아이고, 저거 성질도 고쳐야지, 좀 건강하게 만들어야지. 손댈 게 한두 군데가 아니야' 이러실 것도 같고요.

나를 드린다는 게 참 굉장한 기도라고 생각했는데, 하나님이 보시기에는 그렇게 대단한 말이 아니었습니다. 그런데도 하나님께서 그 드림을 기뻐하시는 건 그분이 우리를 사랑하시기 때문입니다. 하나님께 나를 드린다는 것은 그분의 사랑 때문이지 내게 어떤 자격이 있어서가 아닙니다.

하나님께서 우리를 사용하시는 건 우리의 자격이나 능력 때문이 아닙니다. 하나님께서 보실 때, 우리의 어떤 것도 그분 앞에서 가치 있는 것이 아닙니다. 우리의 가치는 나 스스로의 능력이 아니라, 하나님께서 나를 쓰실 수 있도록 내어드리는 데 있습니다. 그러므로 하나님의 마음을 아는 참된 예배자가 된다는 것은 내가 어떤 자격을 갖추는 게 아니라 자기 자신을 '산 제물'로 드리는 것입니다.

'그렇구나. 내가 주님 앞에 자격으로 나아가는 게 아니구나!'

말씀을 준비하다가 이것을 깨닫고서 한 찬양이 떠올라 부르면서 많이 울었습니다. 그때 제 마음은 "나의 마음은 선한 것 하나 없습니다. 그러나 내 모든 것 주께 드립니다. 사랑으로 안으시고 날 새롭게 하소서. 내 아버지, 나를 향하신 주님의 뜻이 이루어지도록 주님 마음 내게 주소서"라는 그 찬양 가사 그대로였습니다.

그러므로 사명에 충실한 사람이 된다는 것은 자격과 상관없이, 그저 우리를 사랑하시는 하나님 앞에 나아가는 것입니다. 부족하지만 최선을 다하는 거지요.

1절에서 "너희 몸을 … 드리라"라고 할 때 "너희 몸"을 영어성경은 "Your bodies"라고 합니다. 거룩한 어떤 상태, 성화 된 상태, 완전한 상태가 아니라 그저 몸을 드리라는 거예요.

> …내가 하나님의 모든 자비하심으로 너희를 권하노니 너희 몸을 하나님이 기뻐하시는 거룩한 산제물로 드리라(in view of God's mercy, to offer your bodies as a living sacrifice, holy and pleasing to God, NIV)…

우리의 '몸'은 단지 'body(bodies)'이고, 하나님 앞에 부족한 우리를 드릴 때 그분이 기뻐하신다고 합니다. 하나님께서 우리 몸을 기뻐 받으시는 것은 'in view of God's mercy'로 인해, 즉 하나님의 자비하심 가운데서 받아주시는 것입니다. 그러므로 몸을 드린다는 것은 단지 산 제물이 되는 것입니다. 하나님이 기뻐하시는 상태로 드리면 됩니다.

하나님이 기뻐하시는

교회에서 어떤 일도 할 수 있고 실제로 여러 가지 일이 이루어지고 있지만, 예배하지 않고 하는 일들은 하나님의 일이라고 하지 않습니다. 예배하지 않는다면 그 어떤 것도, 어떤 선행과 훈련도, 하나님과 관계가 없습니다. 만일 우리가 예배하지 않는 사람들이라면, 세상 사람들이 선한 일을 하는 것과 우리가 선한 일을 하는 것에 무슨 차이가 있을까요?

예배하는 자가 될 때, 우리는 하나님과의 관계 속에서 사는 것입니다. 예배의 핵심은 "하나님이 기뻐하시는"에 있습니다. 우리는 하나님이 기뻐하시는 산 제물로 드려져야 합니다. 예배자로서 우리가 물어야 할 2가지 중요한 질문이 있습니다.

하나님이 이 예배를 기뻐하시는가?

흔히 예배의 가치를 '내가 어떤 은혜를 받고, 어떤 기쁨을 가지고, 내 감정에 어떤 일이 일어났는가'로 판단하는데 이것은 착각입니다. 혹시 당신도 예배를 통해 자신의 감정이 충족되는 것을 예배의 성공으로 생각하고 있지 않나요?

그래서 "은혜받았어!"라는 말을 할 때는 주의해야 합니다. 그 은혜라고 하는 게 무엇인가요? 자기감정의 만족인가요, 하나님이 기뻐하시기 때문에 내가 그것을 은혜라고 생각하는 것인가요?

은혜를 받는다는 것이 뭘까요? 말씀이 내 안에 부딪칠 때 은혜를 경험하는 것이지, 내 마음에 드는 말씀을 내가 기분 좋게 듣고 가는 것이 은혜가 아닙니다.

"아, 예배 좋았어, 은혜받았어"라고 쉽게 이야기하지만, 하나님이 예배를 기뻐하셨는지를 묻지 않는다면, 그것은 단지 자신의 감정 문제일 수 있습니다. 은혜를 받았다는 것이 내 감정을 만족시킨 것인지, '아, 정말 하나님이 기뻐하시겠구나!'라는 고백인지 구별할 줄 알아야 합니다.

예배를 억지로 드린다면 잘못된 것 아닌가?

현재 한국 교회의 많은 사람이 예배의 지루함을 호소합니다. '예배가 지루하다, 설교가 길다'는 교회에 나가지 않는 가장 큰 이유 중 하나입니다. 혹시 당신도 예배드리기 싫은데 예배를 억지로 드리면서 잘못됐다고 여기거나 안 드리느니만 못하다고 생각한 적이 있나요?

물론 우리는 은혜와 감격 속에 드리는 예배를 추구합니다. 예배 때마다 은혜를 체험하고 하나님의 임재를 느끼면 좋겠습니다. 저 또한 우리 교인들이 그런 감격 속에 예배를 드려야 된다고 생각하며 예배 인도와 설교를 준비하고 있습니다.

그런데 예배를 우리가 아닌 하나님의 관점에서 드리는 거라면, 우리의 감정에 좌우되어서는 안 됩니다. '예배드리기 싫어, 오늘 내 기분이 그렇게 허락하지 않아' 이것이 삶을 좌우하고 있다면, 진정한 예배를 드리고 있지 않다는 것입니다.

한 40대 아들이 60대 어머니에게 투덜거립니다.

"어머니! 제가 예배드리기 싫은 이유가 세 가지 있어요. 첫째, 주일 아침은 늦잠을 좀 자고 싶어요. 둘째, 장로님의 기도가 너무 길어요. 셋째, 성가대의 불협화음이 싫어요."

그 말을 들은 어머니가 그럼에도 예배를 드려야 하는 세 가지 이유를 이렇게 말합니다.

"첫째, 예배는 선택이 아니라 의무란다. 둘째, 예배는 사람과의 관계가 아니라 하나님과의 관계란다. 셋째는 아주 결정적인 이유인데, 담임목사가 결석하면 안 되는 거 아니니?"

예배를 인도하는 목회자도 예배를 드리고 싶지 않을 때가 있습니다. 사실 저도 매주 예배를 인도하고 강단에 서서 설교하지만, 마음이 늘 충만한 상태에서 하는 건 아니에요. 누구든 마찬가지일 거라 생각합니다. 하지만 그 일이 하나님과의 관계 속에서 이루어지는 것이 명백하다면, 그리고 그 예배의 당사자가 우리 자신이라면 그렇게 쉽게 감정에 따라 좌우되지 못할 것입니다.

가끔이지만, 집에 들어가고 싶지 않을 때나 집에서 나가고 싶을 때가 당연히 있지요. 그러나 만일 가족이 각자 기분에 따라 집에서 나가 들어오지 않는다면 가정이라고 이야기할 수 없을 겁니다. 가정으로 빨리 들어가고 싶은 날이 있는가 하면 가정을 떠나고 싶을 때도 있지만, 내가 가족의 한 사람으로 부모이고 자식이기 때문에 다시 가정으로 들어갑니다.

학창 시절을 보냈던 사람이라면 모두 동감하겠지만 '아, 오늘은 학교 가기 싫어' 그런 날이 있습니다. 그런데도 학교에 가는 것은 학생이기 때문이지요. 마찬가지로 우리가 하나님을 예배하는 것은 우리가 하나님의 자녀이기 때문이고, 예배를 통해 그것을 확인하고 점점 하나님의 뜻을 알아가기 때문입니다.

늘 기쁨으로 예배드리지 못한다 해도, 이 예배를 통하여 내가 하나님의 자녀이고 하나님의 나라에 속했다는 것이 증명되므로 예배를 드리는 겁니다.

기억하십시오, 예배는 나의 감정에 좌우되는 것이 아닙니다. 우리 모두 예배를 드리며 충만한 감정을 느끼기를 바라지만, 실제로는 하나님과의 관계를 위해 의무로서 예배를 드려야 합니다. 예배는 선택이 아니라 의무입니다.

거룩한 산 제물로

예배는 우리의 사명과 밀접하게 연관되어 있습니다. 그것은 예배가 하나의 형식이 아니라 우리 삶을 드리는 것이기 때문입니다. 삶을 드린다는 것은 사명자로 살아간다는 의미입니다.

1절에서 예배의 굉장히 중요한 점을 말하고 있는데 "거룩한 산 제물로 드리라"라는 것입니다. 여기서 "제물"(제사)이라는 말을 사용하고, 그 제사에 "거룩한 산"이라는 수식어가 붙어있습니다. "제사"라는 말을 이해하기 위해서는 구약의 레위기를 먼저 아는 것이 필요합니다.

구약시대에는 제물을 드리는 제사로 예배를 대신했습니다. 그래서 제사장이 있었고, 피를 흘릴 제물이 필요했습니다. 속죄제든 화목제든, 하나님 앞에 제사드리는 사람들이 제사장과 함께 제단에 가서 제물로 바치는 동물을 잡았습니다.

칼로 각을 뜰 때 피가 튀고, 내장들을 긁어낼 때 역한 냄새가 납니다. 그들은 그 동물이 죽어가는 모습을 바라보면서, 자기를 대신하여 죽는 그 죽음을 바라보면서, 제물을 통해 몸을 하나님께 드리는 피의 제사를 드렸습니다.

신약시대로 넘어가면서, 중보자이신 예수님께서 단번에 죽으심으로 화목제물이 되셨기 때문에 따로 제사장도, 제물도 필요 없게 되었습니다. 우리 자신이 중보자요 제물이 되는 것입니다.

그런데 중요한 것은 제물 된 우리에게 예배의 정신이 그대로 살아 있어서 "산 제물"로 드려야 한다는 것입니다. 여기에 우리에게 주는 도전이 있습니다. 바로 '우리의 몸을 드리는' 것이지요. 구체적 행위를 동반하는 것입니다.

많은 사람이 쉽게 예배하려고 하는 경향이 있고, 몸보다는 마음을 드림으로 예배를 대신하려고 합니다. 마음은 드리기 쉽지만 몸은 드리기 어렵기 때문입니다.

우리는 예배를 드리면서, 아니, 살아가면서 종종 '하나님께 마음을 드린다'라는 표현을 자주 씁니다. 참 멋진 표현 같지만, 마음으로 드리는 건 별로 어렵지 않은 것 같습니다. 마음으로 구제도 하고 선교도 합니다. 마음으로 애국을 하기도 하고, 통일을 이루기도 합니다.

문제는 구별된 우리의 몸이 무엇을 했느냐는 것입니다. 진짜 우리에게 필요한 것은 '나의 몸을 드리는' 것입니다. 하나님은 마음이 없는 예물을 원하지도 않으시지만, 마음만 있고 몸이 따르지 않는 예배를 거룩한 예배로 인정하지도 않으십니다.

몸을 드린다는 것은 구체적인 헌신의 행위들이 드러나는 것을 의미합니다. 예배는 하나님께 예배를 드리는 시간으로 그치는 것이 아니라, 구체적인 헌신이 드러나야 합니다.

또한 많은 사람이 쉽게 예배하려고 하는 경향이 있습니다. 그런데 교회의 각 예배도 몸을 드리는 누군가의 헌신을 통해 이루어지고 있음을 알아야 합니다. 내 삶을 하나님께 양도하고 내어드릴 때, 비로소 하나님의 나라가 이루어집니다.

우리는 예배를 통해 나의 권리를 포기하고, 하나님께 내가 가진 것을 '양도'합니다. 그래서 예배가 위대한 것입니다. 내 권리를 포기하는 순간, 하나님의 나라와 권세가 이루어지기 때문이지요.

"나는 하나님을 예배하는 사람"이라고 고백하며 자신을 하나님께 드린 당신의 삶 가운데서 하나님의 나라가 이루어지고 있나요? 예배하는 자로 살아가는 그 삶 가운데 하나님의 나라가 이루어지지 않고 있다면 하나님 앞에 나를 내어드린 게 아니라는 증거일 겁니다.

이 말에 당신의 마음이 불편해지길 바랍니다. 이 말씀이 너무 불편해서 내가 잘못 살고, 내가 잘못 알았던 것을 하나님 앞에 회개할 수 있는 시간이 되기를 바랍니다.

예배의 거룩함을 훼손하는 편의주의

예배를 드리러 올 때, 우리는 뭔가를 선택하고 오는 것입니다. 많은 교회 중 이 교회를 선택했고, 교회에 따라서는 예배 시간을 선택했을 수도 있습니다. 그런데 이 '선택'이라는 말에는 '헌신'보다는 '편의'라는 의미가 더 강합니다.

혹시 늘 '나의 편의'를 따라 선택하지는 않는지요? 하나님의 거룩하심 앞에서 예배자로 선택하는 것이 나의 헌신에 대한 문제가 아니라 늘 나의 편의를 따라 예배를 선택하는 것이라면 그것은 올바른 예배가 아닐 수 있습니다. 예배드리는 내 모습과 행위가 다 내 편의적인 선택을 따르고 있다면 하나님 앞에서 잘못 예배드리고 있는 것입니다.

자신이 원하는 것만을 선택함으로 나머지 부분에서 아주 중요한 것을 잃는 오류가 발생하는데, 요즘 신앙인들의 가장 큰 문제는 '거룩함'을 잃어버렸다는 것입니다.

여기서 제가 말하고 싶은 '거룩함'은 어떤 외적인 행위로서의 거룩이 아닙니다. 거룩하신 하나님 앞에서 내 삶의 모습이 어떠한지를 진지하게 바라보고 있지 않다는 것입니다.

'편의주의적인 태도' 즉, 자기 마음대로 행동하는 것은 올바른 예배자의 모습이 아니며, 거룩함을 훼손합니다. 거룩하신 하나님 앞에 있다고 생각한다면 그의 행동이 어떠해야 할까요?

2023년 성지순례를 하며 '쿰란'을 방문했습니다. 그 유명한 쿰란

사해사본(우리가 지금 갖고 있는 거의 완벽한 형태의 성경)이 발견된 곳이지요. 여러 번 가본 곳이지만 이때 특별히 눈에 들어온 것은 '정결례'를 행하던 흔적들이었습니다.

'쿰란 공동체'는 기원전 2세기경에 신앙의 정통성을 지키기 위해 모여 살았던 사람들의 공동체입니다. 그들은 믿음의 전통을 후세에 남기기 위해 노력했으며, 하나님의 말씀인 성경을 필사하는 일을 했습니다.

성경을 필사할 때면 한 사람이 읽고, 한 사람은 받아쓰고, 한 사람은 혹시 틀리지 않는지 점검합니다. 성경을 쓰다 '하나님'이라는 단어가 나오면 "몸을 씻읍시다"라고 말하고는 잠시 필사를 중단하고 정결례를 행하는 물에 들어가 몸을 씻고 다시 와서 성경을 씁니다. 한 절에 '하나님'이라는 말이 세 번, 네 번 반복해서 나오면 세 번, 네 번 몸을 씻고 와서 다시 말씀 앞에 섭니다.

이 얘기를 들으면서 '그렇게까지 할 필요가 있을까?' 생각하다가 제게 도전이 되었습니다. 거룩하신 하나님 앞에서 우리는 얼마나 정결하고, 얼마나 경외하는 마음으로 살고 있을까요?

언제부터인가 우리는 거룩하신 하나님 앞에서 편의주의적으로 좀 쉽게 가려고 하며 거룩함을 훼손하는 모습을 보이고 있습니다. 목회자로서 제게도 그런 모습이 있지 않았는지, 너무 '편의주의'적 목회를 하지 않는지, 우리 예배가 하나님의 거룩하심을 훼손하지 않는지를 스스로 돌아보게 되었습니다.

우리가 하나님의 거룩하심을 편의주의로 훼손하고 있다면, 불편함이 올바른 예배자로 살아가는 데 도움이 될 수도 있지 않을까요?

예루살렘 성전은 정말 견고하고 정교하게 잘 만들어진 성전인데 참 이상하게도 성전을 향해 올라가는 계단의 폭이 일정하지 않았습니다. 그렇게 정교하게 성전을 건축한 이들이 계단은 왜 이렇게 폭을 못 맞추었을까 싶을 정도였지요.

그런데 알고 보니, 조심하지 않으면 넘어질 수 있도록 '의도적'으로, 일부러 계단 폭을 다르게 만들었다는 것입니다. 그래서 사람들이 성전으로 올라갈 때 경거망동하지 않도록 했다는 것입니다. 제게 굉장히 은혜가 됐습니다.

'아, 하나님 앞에 선다는 것은 내 맘대로 경거망동하는 게 아니라 거룩하신 그분 앞에서 조심하는 거구나.'

거룩함은 이런 것 아닐까요. 하나님 앞에서 스스로 조심하는 것입니다. 오늘 당신의 예배는 어떤가요? 예배를 드리면서, 거룩하신 하나님 앞에 어떤 모습으로 서 있나요? 예배의 주체가 '나'가 아니고 '하나님'임을 인정할 때, 예배는 나의 선택이 아니라 하나님 앞에서의 결단이 될 것입니다.

회중을 선택하는 오류

선택적인 예배를 드리는 사람은 하나님과의 관계에서뿐 아니라,

예배 회중을 또한 선택하는 오류를 범할 수 있습니다. 언제부터인가 우리는 예배 시간뿐만 아니라 예배를 드리는 회중도 선택합니다. 신앙 공동체 안에서 이런 얘기가 종종 들립니다.

"저 사람하고는 같이 예배 못 드려. 그래서 예배가 여러 번 있는 게 얼마나 다행인지 몰라."

"아, 저 인간 안 보고 예배드리는 걸 너무 감사해."

주님은 "바로 그 사람과 함께 예배드리기를 원해!"라고 말씀하시지만 우리는 "나는 저런 사람하고는 예배드릴 수 없어! 저 사람 때문에 나는 교회를 떠날 거야!"라고 말하기도 합니다. 가만히 생각해보세요. 내가 "영적 예배"라고 말하면서도 '관계'를 더 중요하게 여기지 않는지 말입니다.

만일 하나님께서 예배드리는 회중을 선택해서 예배를 받으신다면 합당한 사람이 누가 있을까요? 하나님은 우리를 선택하거나 가려서 예배자로 받지 않으시고, 누구든지 하나님 앞에 설 수 있도록 불러주셨습니다.

하나님과 나의 영적인 관계가 올바르게 되어 있다면 예배할 때 다른 회중이 문제가 되지 않지만, 그 관계가 깨어지면 여러 가지 핑계가 생겨납니다. 그러므로 공동체에서 예배드릴 때 혹시 회중이 내게 문제가 되고 있다면, 하나님과 나 사이의 관계가 깨어진 건 아닌지를 살펴보아야 할 것입니다.

예수님은 누군가 하나님께 제물을 드리려고, 즉 예배를 드리려고 예물을 가지고 가다가 '아, 내가 원망들을 만한 일이 있구나' 하고 생각나는 게 있으면, 그래서 '내가 예배자로서 이렇게 서는 것은 합당한 일이 아니야'라는 생각이 들면 그 예물을 놓고 형제에게 가서 그와 화목하고 와서 예물을 드리라고 말씀하셨습니다.

> 그러므로 예물을 제단에 드리려다가 거기서 네 형제에게 원망들을 만한 일이 있는 것이 생각나거든 예물을 제단 앞에 두고 먼저 가서 형제와 화목하고 그 후에 와서 예물을 드리라 **마 5:23,24**

예수님은 예배가 그렇게 쉽게 드릴 수 있는 것이 아니며, 너희가 예배자로 준비되지 않는다면 그것은 예배가 아니라고 말씀하신 것입니다.

이 말씀이 당신을 불편하게 했으면 좋겠습니다. 오늘 당신은 얼마나 많은 부분에서 하나님 앞에 예배자로 준비되어 예배의 자리에 서 있나요?

예배자로 서기 위한 준비

2023년에 큰 인기와 화제를 몰고 온 드라마 중 하나가 〈더 글로리〉라는 작품입니다. 우리 사회의 큰 이슈인 학교폭력 문제를 다루었고, 법의 테두리 안에서는 정의가 실현되지 않는다고 생각하는 사람들에게 개인적인 복수가 주는 통쾌함도 있었을 것입니다.

그런 이슈의 중심에 '기독교 진리의 왜곡'이라는 것이 우리를 참 많이 불편하게 했습니다. 성가대석에서 찬양하고 기도하지만 그럴 자격을 갖추지 않은 사람들, 설교하지만 타락하고 변질되어 설교할 자격이 없는 목사, 그 목회자의 딸이 일탈을 자행해도 무조건 죄를 덮고 법의 심판을 피해 가려는 시도들. 무엇보다도 어떤 회개와 반성도 없이 구원을 자신하는 악한 인물들을 통해 기독교의 본질이 심각하게 훼손되고 있었지요.

그런데 이 불편한 드라마가 기독교의 본질을 잘 설명해주고 있다고 생각합니다. 부패와 돈, 마약에 찌든 사람들이 그런 세상일을 그대로 하면서 예배드리는 모습을 세상 사람들은 조롱했습니다. 그렇게 예배자로 서는 것은 옳지 않습니다.

수없이 등장하는 예배의 모습은 '예배'가 아니라 광신도들의 기괴한 몸짓에 불과했습니다. 왜일까요? 예배드리는 자들의 자세가 잘못되었고, 그 안에 예배의 정신이 들어있지 않기 때문이었습니다. 예배자로 서는 것이 쉬운 일이 아닙니다. 우리의 편의대로 서서는 예배자로 살아갈 수 없습니다.

예수님은 제물을 드리려고 하다가도 형제에게 잘못한 것이 생각나거든 먼저 화해하고서 예물을 드리라고 하셨는데, 제물을 드림으로 모든 문제가 해결된다고 생각한다면 예수님의 말씀과 한참 어긋난 것이지요.

게다가 잘못하고도 나는 누구에게 원망들을 만한 일이 없다고 생각한다면, 종교적 독선으로 인해 하나님과 아무 관계가 없는 위선적 종교인으로 전락한 것입니다.

젊은 부부들이 저를 만나면 "목사님과 사모님은 얼마나 싸우세요?"라고 질문을 많이 하고, 별로 잘 안 싸운다고 하면 실망하면서 진짜냐고 묻기도 합니다.

안 싸우는 이유 가운데 큰 몫을 차지하는 것이 제 아내의 인내입니다. 아내는 기질이 다혈질인데도, 제가 주일에 설교해야 하니까 금요일부터는 제 감정을 상하게 하는 말을 안 하고 참습니다.

그런데 다혈질의 특징은 막 화가 나더라도 하루이틀만 지나면 잊어버리는 거라서 제 삶에 지혜가 생겼습니다. 아내가 화낼 일이 있으면 주말에 얘기하는 것이지요. 그러고 나서 하루이틀 지나면 별문제가 없어요.

작은 일일 수도 있지만, 예배자와 설교자로 서기 위해서 우리는 예배를 앞두고 감정대로 살지 않으려고 노력합니다.

우리가 자기 편의대로 예배를 드리고 자신의 감정을 따르는 것이 아니라, 하나님 앞에 예배자로 서기 위해서 예배를 준비하고 나온다면 그 예배는 다르지 않을까요? 당신은 하나님 앞에 어떤 모습으로 서 있습니까?

하나님이 기뻐하시는 구별

"하나님이 기뻐하시는"을 어떻게 충족시킬 수 있을까요? 하나님께서 무엇을 기뻐하시며, 하나님이 기뻐하시는 제물을 드리는 예배란 어떤 것일까요? 저는 '구별'이라고 생각합니다.

예배 시간과 공간

어떤 장소에서 예배드려도 괜찮습니다. 지난 코로나 시기에 교회에서 예배드릴 수 없을 때, 많은 교회에서 "여러분, 하나님은 여기에만 계신 것이 아니고, 여러분이 있는 곳에도 계십니다. 유튜브를 통해서 여러분이 있는 그 자리에서 예배드리세요"라고 말했습니다(그 시기가 지나가니까 유튜브를 닫고 예배를 성전에서 드려야 한다고도 했지만요). 하나님은 어디에나 계십니다. 그분은 장소에 매여 있는 분이 아니시기 때문에 우리는 어느 장소에서든 예배를 드릴 수 있습니다.

또한 하나님께서는 시공간을 초월하시는 분이시니 우리는 어떤 시간에 예배를 드리든 관계가 없습니다. 주일에 여러 번의 예배가 있는데 어떤 시간에 예배드려도 됩니다.

그러나 어디에나 계신 하나님께서 모든 예배를 동일하게 받으시는 것은 아닙니다. 당신이 어느 시간을 선택하고 어느 장소를 선택하든, 그곳에 하나님이 계시는 것이 맞습니다. 그러나 당신의 삶에 어떤 구별이 있는가는 다른 차원의 문제입니다. 시간과 공간을 초월하시는 하나님 앞에서 나의 예배가 내 편의를 도모하기 위한 거짓 고백이 되어서는 안 됩니다.

하나님 앞에 구별된 예배, 구별된 삶을 드리나요? 당신이 어떤 예배를 드려도 상관없지만, 하나님 앞에서 남는 시간을 드리고 있는지, 구별된 시간을 드리고 있는지는 생각해보아야 합니다. 하나님은 어떤 것에도 구애받지 않으시지만, 우리 삶에서 구별된 시간은 특별한 의미를 가질 것입니다. 하나님께서는 우리의 마음을 아시기 때문입니다.

예배가 무엇일지 가만히 생각해보세요. 하나님이 계신 곳에 우리가 가고 거기 머무르려는 것이 예배일까요, 아니면 우리가 있는 곳으로 하나님께서 오시기를 바라는, 아니, 오셔야 한다고 생각하는 것이 예배일까요?

진정한 예배는 "우리가 편안한 곳에 하나님 오시옵소서"가 아니라, 하나님이 계신 곳에 우리가 나아가고 거하는 것입니다. 물론 예배를 드리지 않는 사람보다 예배를 드리는 사람이 훌륭하지만, 자기중심적인 예배가 아니라 하나님 중심적인 예배를 드리는 것이 정말 중요합니다.

예를 들어, 만나교회 교인들이 만나교회라는 건물에서 함께 예배 드리는 의미는, 이들의 신앙고백으로 그 장소를 거룩하게 구별하여 드렸고 그것이 성도 간의 거룩한 약속이 되었다는 것입니다. 그리고 '어떤 일이 있어도 내가 이곳에서 하나님께 예배를 드리겠다'라는 헌신의 다짐이 있는 것입니다.

그러므로 이 약속보다 더 중요한 하나님의 임재와 선교를 위하여 장소를 옮긴다면 의미가 있지만, 나의 편의를 따라 자의로 장소가 옮겨진다면 바람직한 일이 아닐 것입니다.

물질과 삶

"하나님은 영이시니"라는 말씀은 우리가 물질을 드려 그분을 기쁘시게 할 수 없다는 말입니다. 이 말씀을 기억하십시오. 사무엘이 아말렉과의 전쟁에서 승리한 사울 왕을 질책할 때 한 말입니다.

> 사무엘이 이르되 여호와께서 번제와 다른 제사를 그의 목소리를 청종하는 것을 좋아하심 같이 좋아하시겠나이까 순종이 제사보다 낫고 듣는 것이 숫양의 기름보다 나으니 **삼상 15:22**

하나님은 죄악의 씨를 멸하라고 말씀하셨지만, 사울은 좋은 것은 남기고 나쁜 것들만 죽이고는 "내가 명령대로 행하였습니다"라고 뻔뻔하게 이야기합니다. 그러자 사무엘은 저기 들리는 양의 울음소리는 무엇이냐고 지적하면서 질책합니다. 사울의 마음속에 있는 욕심을 본 것입니다.

사울은 제사를 드리려고 남겨놓았다고 변명하지만 사실 제사보다는 물질에 욕심이 있었지요. 이 욕심에서 벗어나지 않는 한 하나님이 기뻐하시는 예배를 드릴 수 없습니다.

우리가 흔히 하는 "하나님이 축복해주시면", "내가 자리를 잡으면" 이런 말들이 다 동일합니다. 하나님은 작은 것에서부터 훈련하기를 원하십니다. 작은 것에서 헌신하지 못하고, 힘들 때 하나님을 예배하지 못하는 사람은 절대 하나님 앞에 신실한 예배자가 되지 못합니다. 자기 속에 있는 욕심의 본성을 보세요.

유명하고 훌륭한 사람이 되기 전부터 하나님을 예배하는 훈련이 되어 있지 않으면 바빠지거나 세상의 명성을 얻어도 하나님을 예배하지 못합니다. 물질 때문에 영이신 하나님과의 관계에 손상을 입는다면 올바른 예배가 되지 못할 것입니다.

혹 아직 믿음과 신앙이 여린 사람들이 자기의 편의대로 예배를 드릴 수 있습니다. 우리는 아직 예배도 드리지 못하는 사람들이 어떻게 예배를 드릴 수 있도록 할까 생각하며, 그들을 위해서 편의를 제공해야 합니다.

그러나 하나님 앞에 믿음이 있고 헌신할 수 있는 사람이라면 하나님 앞에 기꺼이 나의 불편을 감수하고 예배드릴 마음이 있어야 하지 않을까요? 그런 모습을 하나님이 기뻐하십니다.

어떤 예물을 드리고 어떤 돈을 하나님께 헌금해도 관계없지만, 똑같은 돈이라 해도, 당신의 삶에서 구별된 돈인지 그냥 있는 돈의 일부인지는 자신이 잘 알 것입니다. 많은 물질 중 하나를 지갑에서 꺼내 드리고 있습니까, 아니면 특별하게 구별된 예물을 하나님께 드리고 있습니까?

당신이 드리는 헌신과 봉사는 하나님이 기뻐하실 일을 찾아 구별하여 드리는 헌신인가요, 아니면 남는 시간에 자신의 즐거움으로 드리는 건가요?

하나님을 철저하게 믿고 신뢰하기 때문에 불의한 인간관계를 청산하고 나왔습니까? 철저한 신뢰는 철저한 순종으로 이어집니다. 철저한 순종은 우리의 이해의 범주에서 이루어지는 일이 아니라 하나님의 관점에서 이루어지는 일입니다.

구별이 내 삶을 바꾼다

고 이어령 교수의 작고 후에 출간된 《당신, 크리스천 맞아?》(열림원)라는 책을 읽으며 깊이 생각한 부분이 있습니다. 먼저 세상을 떠난 딸 이민아 목사의 예배에 관한 이야기입니다.

딸을 따라 예배에 나가고, 딸이 좋아하니 세례도 받고, 그렇게 기독교의 문지방을 밟았던 그가 참 힘들었던 것이 있었답니다. 예배를 드리면서 굳이 "할렐루야", "아멘"이라고 말하고, 손뼉을 치며 찬양하는 모습은 참 받아들이기 힘들었다고 해요.

딸과 함께 예배를 드리며, 그렇게 열정적으로 예배하는 딸을 이해할 수 없다고 생각했는데, '매시간 그런 기쁨과 감사와 감격으로 드려지는 예배가 아니라면 어떻게 예배일 수 있나'라고 생각하게 되었다고 합니다.

세례를 받은 그는 많은 사람에게 "그렇게 기독교를 비판하며 살더니, 죽을 때가 돼서 천국에 가려고 하느냐"라고 비난을 받았습니다. 그는 하고 싶은 말을 참 많이 참고 살았다고 합니다. 본질을 벗어난 교회와 목회자들을 바라보며 얼마든지 비판할 수 있었지만, 그 모습이 본질이 아니었기 때문에 예배에 빠지지 않았습니다.

그는 처음 예수를 믿을 때 자신의 비참함과 간절함이 동기가 되었다고 합니다. 시력을 잃어가는 딸이 제발 볼 수 있게 해달라고, 그 기도만 이루어진다면 기독교인이 되겠다고 기도한 것입니다. 그런데 전혀 가능성이 없다고 생각했던 딸의 눈이 완전히 고침을 받았을 때, '내가 빠져나갈 수가 없게 되었구나!' 하며 당황했습니다.

하나님을 믿게 된 동기는 그렇듯 자신의 무기력과 비참함 때문이었는데, 신앙의 세계로 들어가니 예수님의 외로움과 고독감이 보였답니다. 아무리 말씀을 전해도 알아듣지 못하고, 인간이 '떡'으로만 사는 것이 아니라고 가르쳐도 '오병이어'의 기적만 붙드는 사람들. 우리를 위해 십자가를 지시는 주님의 사랑을 외면하는 우리 때문에 그분이 얼마나 외로우실까 하고요.

그래서 예배를 드리며 주님과 가까워질수록 '주님을 위해 내가 무엇을 할까?'를 고민하게 되었고, 그것이 신앙의 세계로 들어가는 문지방이 되었다고 합니다.

"이게 어떻게 들릴지 모르지만, 주님의 외로움이 보였다"라는 그의 말…. 예배로, 신앙의 세계로 들어가면서 주님의 외로움이 눈에 들어왔고, 그 외로움이 보이니 내가 주님을 위해서 무엇을 할 수 있을까 고민하며 신앙의 문지방에 들어서게 되었다는 말이 깊은 감동을 주었습니다. 하나님을 생각하고 내가 주님을 위해서 무엇을 할 수 있을까 생각하는 그것이 예배였습니다.

*　　*　　*

누구도 강요하지 않고 누구도 보지 않지만, 영이신 하나님 앞에서 당신이 구별하여 드리는 모든 것이 당신의 삶을 바꾸어 줄 것입니다. 아무도 예배하지 않는 곳에서 예배자가 되고, 아무도 헌신하지 않는 곳에서 헌신자가 될 것입니다.

무엇보다 예배 시간에 늦는 실례를 범하지 않았으면 좋겠습니다. 잠시도 놓지 못하는 스마트폰의 전원을 끄고 들어오면 좋겠습니다. 적어도 예배자로서 자신의 옷차림과 음식, 그리고 자세에 대한 부분을 한 번쯤 생각해보시기 바랍니다.

헌금 시간이 되었을 때 주머니에 손을 넣지 않았으면 좋겠습니다. 진정한 예배자의 삶은 예배당 문을 열고 나가면서부터 시작된다는 것을 생각했으면 좋겠습니다.

'나의 어떤 모습이 하나님 앞에서 가장 거슬릴까?'

'올 한 해를 살아가면서 내가 가장 고쳐야 할 것은 뭘까?'

당신에게 도전합니다. 진정한 예배자로 살아가기 위하여, 당신의 삶에 거룩한 선택이 있기를 간절히 바랍니다. 그때, 당신이 예배자로

서게 될 줄 믿습니다.

예배의 삶을 살 때 사람의 상식을 벗어나는 일이 자주 일어나게 될 것입니다. 지극히 상식적이고 이성적인 신앙이 아니라 지극히 하나님 중심적인 삶을 살아가는 것이 예배입니다.

저는 우리 교회에서, 그리고 이 책을 읽는 당신의 삶에서 주로 비상식적인 순종의 일들이 일어났으면 좋겠습니다. 하나님을 사랑한다는 이유만으로 우리의 몸과 삶이 드려지는 헌신 말입니다. 자기 것을 챙기고 자신의 성을 쌓기보다는 하나님의 나라에 헌신과 재물을 쌓는 그런 일들 말입니다.

3
Chapter

서로 돌아보며
힘이 되어주어라

히브리서 10장 24,25절

서로 돌아보아 사랑과 선행을 격려하며 모이기를 폐하는 어떤 사람들의 습관과 같이 하지
말고 오직 권하여 그 날이 가까움을 볼수록 더욱 그리하자

공동체를 향한 하나님의 마음

어느 역에서 지하철이 정차한 후 한참이 지나도 문이 닫히지 않았습니다. 5분가량 계속 문이 열려 있으니 한 사람이 무슨 일인가 하여 문밖으로 고개를 내밀었는데 바로 그 순간 문이 닫히면서 그의 목이 끼고 말았습니다.

얼마나 아프겠습니까. 그런데 그가 갑자기 "하하하" 웃기 시작하는 게 아닙니까? 옆에 있던 사람이 "아니, 목 아플 텐데 뭐가 좋아서 웃어요?"라고 묻자 목이 낀 사람이 대답했습니다.

"나 말고 한 사람이 더 끼었어."

그 아픈 와중에도 자신처럼 고통당하는 사람이 있는 게 위로가 된 거지요. 나와 같은 사람, 나와 같이 고통당하는 한 사람이 있는 것이 우리에게 정말 큰 복입니다. 당신은 어떤가요? 어려움을 당했을 때 함께하는 사람에게 위로받은 적이 있나요? 인생의 어려움을 당할 때 위로해줄 사람, 서로 돌아볼 사람이 있습니까?

서로 돌아보아 사랑과 선행을 격려하며 모이기를 폐하는 어떤 사람들의 습관과 같이 하지 말고 오직 권하여 그 날이 가까움을 볼수록 더욱 그 리하자 **히 10:24,25**

믿음의 공동체를 향한 하나님의 마음은 어떤 것일까 생각할 때 제게 떠오른 말씀입니다. "서로"라는 말이 참 아름답습니다. 우리에게 가장 큰 축복은 "서로"가 있다는 게 아닐까요? 교회에서 많은 사람이 예배를 드리는데, 당신에게는 피상적인 관계가 아닌, 공동체 안에서 만난 '서로'가 있나요?

서울에서 분당으로 이사하여 우리 교회에 나온 분과 이야기를 나눈 적이 있습니다. 예전 교회에서 열심히 봉사하고 교제를 나누던 분인데, 이사 온 후에는 아침에 눈을 뜨면 '하나님, 오늘 저와 커피 한 잔 마실 사람이 있으면 좋겠습니다'라고 기도할 만큼 외로운 처지가 되었고, 그렇게 몇 달을 지내다 우울증으로 힘든 시간을 견뎌야 했다고 하시더군요.

얼마 전, 교회의 한 훈련 프로그램을 인도하면서 참석자의 자기소개와 오게 된 동기를 들었는데 청년부터 장년에 이르기까지 "여기서 공동체를 만나고 싶습니다"라고 말하는 사람이 참 많았습니다.

인생에 '서로'가 있는 게 얼마나 복된지요. 오늘 나와 커피 한 잔 마실 사람이 있다는 것, 내게 '서로'가 있다는 것, 믿음의 공동체를 통해 서로를 얻고, "돌아보아" 누군가와 함께 가야 할 길이 있는 게 얼마나 큰 축복인지 모릅니다.

이 "서로"는 어떤 사이일까요? "서로 돌아보아" 함께할 사람입니다. 그럼 돌아보아 무엇을 하길 원한다는 것일까요? "사랑과 선행을 격려"하기 위해서라고 합니다. 이 점이 특히 중요합니다. 요즘 같은 세상에 서로 돌아본다는 게 참 쉽지 않은데 더욱이 서로 비난하는 게 아니라 "선행을 격려하"기 위해서라면 정말 쉽지 않은 관계라는 생각이 듭니다.

신앙 안에서 이런 공동체를 만나 누리는 복 중에서도 가장 큰 축복은 이런 고백을 할 수 있는 것 아닐까 합니다.

"신앙 공동체에서 만난 그 분 때문에 내 인생이 바뀌었어."

"그 분이 아니었다면 난 지금 이 자리에 없었을지도 몰라."

하나님의 섭리가 아니었다면 만날 수 없었을 그 사람과 만난 것을 '섭리적 관계'라고 합니다. 내게 "그때 그 분(목사님, 교회, 부부, 장로님, 집사님 등)을 만난 건 정말 하나님의 은혜였어"와 같은 이야기가 있다면, 얼마나 아름다운 섭리적 관계의 삶을 살까요!

진심으로 당신을 칭찬하고 격려하며 위로해줄 공동체, 당신의 삶을 바꿔줄 만한 사람이 있나요? 신앙 안에서 만난 사람 때문에 내 삶이 바뀐 이야기, 하나님의 은혜가 아니면 설명할 수 없는 그런 만남이 있나요? 당신의 신앙 여정에 하나님의 섭리 가운데 이런 사람을 만난 이야기가 꼭 있기를 바랍니다.

소그룹 공동체, 꼭 해야 하나

이 섭리적 관계의 만남은 예배 공동체보다는 소그룹 공동체를 통해 이루어지는 경우가 많습니다. 그런데 예전에 우리 교회의 교인 대상 설문에서, 소그룹 참여에 부담을 느끼는 사람이 많다는 의외의 결과를 보았습니다.

그리고 교회 소그룹 모임과 관련하여, 성도의 교제를 할 때 지켜야 할 예의, 특히 성별이 다른 이를 대할 때 조심해야 할 부분에 대한 교육이 있었으면 좋겠다는 의견을 어떤 사례와 함께 전해준 분도 있었습니다.

그러다 보니 하나님께서 우리에게 허락하신 모임에서 왜 이런 것이 지켜지지 않는지 안타까운 마음이 들면서, 성도들이 이렇게 부담스러워하는 걸 꼭 해야 하는지, 그리고 하나님이 우리에게 원하시는 공동체, 하나님의 마음이 있는 공동체는 어떤 것인지 생각하게 되었습니다.

저는 목자와 교회의 리더로서 목회해오면서 중요한 두 가지를 늘 기억하고 지키려 했습니다. 교인들이 가장 행복하게 신앙생활을 할 수 있도록 배려하는 것, 그래서 좋은 목자란 목회자 중심이 아니라 교인 중심으로 생각하는 훈련을 늘 놓지 말아야 한다는 것입니다. 그래서 이 문제가 더 고민스러웠지요.

저는 "나는 교인들을 위해 복음 이외 모든 걸 바꿀 준비가 되어 있다!"라는 빌 하이벨스 목사(시카고 윌로우크릭교회)의 말에 깊은 인상을 받은 적이 있습니다. 그래서 소그룹 관련 설문 결과를 놓고 가장 먼저는 '과연 소그룹 공동체가 복음과 연관성이 있는가'와 '교인들을 바꾸어서라도 가야만 하는 목표가 분명한가'를 심각하게 생각해보았습니다.

교인을 설득해서 소그룹에 참여하도록 바꾸어야 하는 목표가 분명한지, 그 목표는 목회자인 제가 원하는 것인지 아니면 진정 하나님이 원하시는 것인지를 분명히 할 필요를 느꼈습니다. 이 두 가지의 구별은 교회의 사명과도 밀접한 관련이 있으며, 우리가 가는 길이 옳은지를 판단할 수 있게 하기 때문입니다.

고심 끝에 내린 결론은, 교인들이 교회의 소그룹 공동체를 잘못 생각하고 있으며, 그렇게 만든 목회자의 책임이 크다는 것이었습니다. 소그룹을 부담스럽게 생각하는 이유에는 '공동체'를 오해하는 부분도 있을 수 있습니다. 이는 어떤 교회에서든 일어날 수 있는 일입니다.

소그룹 공동체는 모임 자체가 목적이 아니라, 그 모임을 통해서 무엇을 하는가가 중요합니다. 그것을 잊거나 그 목적이 분명하지 않으면 모임이 부담스러울 수 있지요. 우리 삶에는 부담스러워도 꼭 해야만 하는 일이 있는데, 소그룹 모임도 그러하기에, 이를 설득과 권면의 차원에서 사역해야 한다고 생각했습니다.

예배가 하나님과 우리 사이의 수직적 관계에 관한 거라면 교회 내 공동체는 사람과 사람 사이의 수평적 관계에 관한 것입니다. 예배가 하나님과의 관계를 다룬다면, 소그룹 공동체는 우리 삶의 문제와 사람 사이의 관계를 통해 성숙해 가는 과정을 다루는 사역이지요.

흔히 수직적 관계와 수평적 관계가 만날 때 온전한 십자가를 이룬다고 이야기합니다. 그러므로 소그룹 공동체에서 건강한 관계를 형성해가는 것은 예배 공동체에서 하나님을 만나는 것과 더불어 신앙을 건강하게 하는 중요한 일입니다.

성경 공부가 아니라 섭리적 관계

소그룹 공동체는 예배 공동체가 아닙니다. 이것을 오해하지 말기를 바랍니다. 소그룹 모임은 '예배'가 아니며, 누군가가 설교를 하거나 성경 공부를 가르치는 시간도 아닙니다.

우리 교회에도 수많은 인도자(리더)가 있는데, 그들이 "저는 예배 인도를 못 해요", "저는 설교를 못 해요", "저는 잘 가르칠 줄 몰라요"라며 부담을 갖더라고요. 이건 뭔가 잘못 이해하고 있는 것입니다. 소그룹의 진정한 의미는 성경 공부를 하는 게 아니라 섭리적 관계를 만들어가는 데 있기 때문이지요.

소그룹 공동체에서 리더가 설교하거나 성경 공부를 인도하려고 할 필요가 없습니다. 그런 것은 리더보다 목회자가 전문가이고 더 잘합니다. 그러나 삶에서 성도가 서로를 격려하는 일은 평신도로서 세상 삶을 살며 믿음을 지켜가는 믿음의 선배가 교회 안의 목회자보다 더 잘하고 잘 가르치고 도울 수 있지 않을까요?

언젠가 한 목사님이 소그룹에 관한 강의에서 들려준 예화입니다. 처음 신앙생활을 시작한 남자 성도가 있었는데, 예수님을 믿고부터 회식 자리에 참석하는 게 너무 힘들어졌다고 합니다. 술 자체가 큰 죄악은 아닐지 몰라도, 술을 마시는 자리가 그렇게 거룩하지 않으며, 술로 인해 잘못될 수 있는 것도 많기 때문이지요. 처음부터 사람들에게 그리스도인으로 인식되어 있었으면 좋았을 텐데, 태도를 바꾸어 술자리에서 신앙을 지킨다는 건 너무 어려웠습니다.

그래서 술자리를 어떻게 피할까, 어떻게 하면 술을 먹지 않을 수 있을까 고민하며 힘들어했는데 소그룹 모임에서 한 신앙의 선배가 "아, 나도 처음 예수를 믿을 때 그게 참 힘들었지"라며 자기 경험과 조언을 들려주었답니다.

회식 자리에 가면 꼭 기도하되 오래 하라고요. 처음에는 뭐라 하는 사람도 있고, 그래도 술을 권할 테지만, 시간이 지나면 인정하게 될 거라면서요. 사회생활을 하면서 자기보다 먼저 이 길을 걸어온 선배 덕분에 그는 좋은 팁도 얻고, 격려도 받을 수 있었습니다.

한 여자 성도는 자신을 너무도 힘들게 하는 시어머니 때문에 괴로웠지만, 같은 교회의 권사인 시어머니가 교회에서는 천사 같아서 누구에게도 말할 수가 없었답니다. 그러다 교회 공동체 모임에서 정말 어렵게 털어놓았는데 같은 문제로 고민했던 신앙의 선배가 "나도 그런 어려움이 있었어"라며 자기 이야기를 들려주어 위로를 받았다고 합니다.

공동체는 믿음의 형제자매들이 함께함으로 서로에게 힘이 되며, 서로를 위한 격려는 우리를 그리스도의 사람으로 온전케 합니다.

"서로 돌아보아 사랑과 선행을 격려하며 모이기를 폐하는 어떤 사람들의 습관과 같이 하지 말고 오직 권하여 그 날이 가까움을 볼수록 더욱 그리하자"라는 이 말씀은 참다운 교회의 기능을 생각하게 합니다.

처음 신앙생활을 하는 사람들에게 가장 유익한 것은 어떤 지식을 쌓는 공부가 아니라 믿음을 가진 사람들에 의해 둘러싸이는 것입니다. 신앙에 대한 생명력을 잃은 사람들에게 가장 필요한 것 또한 생명이 있는 사람들과 함께 있는 게 아닐까요? 그들이 함께 '서로'를 이루는 것보다 더 큰 복은 없습니다.

우리가 하나님의 마음으로 꿈꾸는 공동체, 하나님이 원하시는 소그룹 공동체는 누가 무엇을 가르치는 게 아니라 서로에게 힘이 되는 공동체일 것입니다. 하나님 마음에 합한, 하나님의 마음에 원하시는 소그룹을 만드는 건 바로 그런 공동체를 만들어가는 것이죠.

서로 돌아보는 공동체

"서로 돌아본다"라고 하면 '아, 이건 아주 의도적인 거구나'라는 느낌이 듭니다. 이 말은 피상적 만남이 아니라 의도적이고 진지하게 만난다는 의미입니다. 피상적인 사람들에게는 서로 돌아보는 게 이루어질 수 없습니다. "서로"라는 말이 참 중요한데, 관계는 상대적이기 때문입니다.

내가 의도적으로 누군가를 돌아본다는 게 우리에게 사명이 됩니다. '서로'라는 공동체를 좀 더 생각해봅시다. 교회의 소그룹 공동체가 '사명'과 연관이 있는 건 세상의 공동체와는 근본적으로 다른 그 무엇이기 때문입니다.

세상 사람은 자신의 이익을 추구하며 살아가지만, 우리는 서로 돌보고 선행을 격려하기 위해 '서로'를 이룹니다. 세상은 자기 유익만 구하라고 하지만, 성경은 하나님의 자녀인 이 세상의 모든 지체를 생각하라고 말씀합니다.

사도 바울은 믿음의 공동체를 "지체"로 비유했습니다(고전 12장). 이 지체의 비유가 말하는 바와 같이, 우리는 모두가 함께 그리스도의 몸을 이루고 있으므로 몸의 어떤 부분도 서로에게 필요 없다고 말할 수 없습니다.

공동체는 늘 함께 가는 것입니다. 두 사람이 배를 타고 가는데 호수 한가운데서 한 사람이 드릴로 자기 자리에 구멍을 뚫으며 "내 자리에만 구멍을 뚫으니까 염려하지 마!"라고 말한다면, 정말 염려하지 않아도 될까요?

어거스틴은 죄에 집단성(사회성)이 있다고 말했습니다. 죄는 절대로 혼자 짓지 않으며, 모이면 혼자일 때보다 죄짓기가 훨씬 쉬워진다는 거지요. 한 사람이 죄를 지으면 그 공동체에 영향력이 확산되고, 한 사람의 부정적 영향력으로 공동체가 망가질 수 있습니다.

그런데 선함도 같은 영향력을 갖고 있습니다. 그러니 우리는 약하고 추하고 죄의 가능성이 있는 사람도 붙들어줌으로써 건강한 공동체를 만들어가야 합니다. 당신의 공동체는 어떤가요? 죄의 전염성이 있는 곳인지, 구성원들이 서로를 돌아봄으로 선한 영향력을 가졌는지는 중요한 문제입니다.

> 두 사람이 한 사람보다 나음은 그들이 수고함으로 좋은 상을 얻을 것임이라 혹시 그들이 넘어지면 하나가 그 동무를 붙들어 일으키려니와 홀로 있어 넘어지고 붙들어 일으킬 자가 없는 자에게는 화가 있으리라 또 두 사람이 함께 누우면 따뜻하거니와 한 사람이면 어찌 따뜻하랴
>
> 전 4:9–11

공동체란 좋은 일만 아니라 가장 험하고 어려운 일을 함께 헤쳐나가는 것이고, 함께 자멸하는 게 아니라 함께 살아내는 것입니다. 그러므로 죄의 위협 아래 있을 때, 너무 춥고 서러운 곳에 있을 때일수록 공동체가 더욱 필요합니다. 악의 위협 가운데 서로를 지켜주고 서로가 의지할 수 있을 때 공동체라고 말할 수 있을 것입니다.

장례식에 가보면, 누가 권하지 않아도 장례를 치르는 3일 내내 교우들이 와서 함께하며 자리를 지키는 가정도 있지만, 너무 사람이 없어서 공동체 리더와 코치에게 "사람들에게 연락해서 자리를 좀 채워

야 하지 않겠어?"라고 해야 할 때도 있습니다. 목회하면서 참 안타까울 때입니다.

전에 뇌출혈로 쓰러졌다가 회복 중인 권사님을 심방했는데 그 분이 "뇌출혈로 쓰러져 중환자실에 있는 동안 너무 무섭고 두려워서 기도 부탁을 해야겠다고 생각했는데, 그럴 사람이 생각나지 않는 거예요. 그래서 '아, 내가 지금까지 누구를 위해 기도하지 않고 살았구나. 내가 필요할 때 기도를 부탁할 사람이 없구나' 하고 깨달았어요"라고 하시더군요. 그래서 하나님께서 권사님의 삶을 이만큼 연장해주셨으니 사명이 되도록 사시라고 권면했습니다.

다른 사람들의 고난과 아픔의 시간에 함께한 사람에게는 그가 아픔을 당할 때 함께하는 사람이 있습니다. 그러나 함께 아픔을 당하지 않고 고통을 나누지 않은 사람에게는 힘든 시간을 지날 때 함께할 사람이 없습니다. 어떤 공동체를 이루느냐에 따라 우리 삶이 만들어집니다.

그 날이 가까울수록 공동체는

빌립보서는 사도 바울이 빌립보에 있는 교인들에게 쓴 편지입니다. 4장에 유오디아와 순두게라는 두 여인이 나오는데, 이들은 교회의 중요한 위치에서 많은 사역을 하며 열심히 헌신한 것 같습니다.

> 내가 유오디아를 권하고 순두게를 권하노니 주 안에서 같은 마음을 품
> 으라 … 주 안에서 항상 기뻐하라 내가 다시 말하노니 기뻐하라 너희 관
> 용을 모든 사람에게 알게 하라 주께서 가까우시니라 … 그리하면 모든
> 지각에 뛰어난 하나님의 평강이 그리스도 예수 안에서 너희 마음과 생각
> 을 지키시리라 **빌 4:2, 4, 5, 7**

그런데 1절에서 "주 안에서 같은 마음을 품으라"라고 한 것을 보니 서로 마음이 맞지 않고 사이가 그리 좋지 않았던 것 같습니다. 4절에서 "항상 기뻐하라 내가 다시 말하노니 기뻐하라"라고 반복해서 말한 걸 보면 그들 가운데 기쁨도 사라진 듯합니다.

소그룹 공동체에서 상처받는 이유 중 하나는 내 이상이 펼쳐지지 않기 때문입니다. 내가 원하는 사람들이 모인 게 아니고, 내 뜻대로 움직여지지 않아서 화가 날 때도 있습니다.

그러나 '하나님이 원하시는 공동체'는 내 이상을 펼치고 우리의 이상을 실현하는 곳이 아닙니다. 성경은 주께서 가까우시니 우리가 하나님이 원하시는 그리스도의 관계 속에서 서로 관용하고 기뻐하는 공동체를 이루어가야 한다고 말씀합니다.

사도 바울의 이야기는 이것입니다.

"주 안에서 같은 마음을 품고, 여러분의 관용을 사람들에게 보여주십시오. 그것이 여러분에게 기쁨을 주고 서로 기쁨으로 사역할 수 있게 합니다. 관용을 베풀 이유는 주님이 가까우시기 때문입니다. 그

러니, 여러분이 언제 세상을 떠날지 알 수 없지만, 그때 인생을 후회하지 않도록, 관용을 베풀려고 노력하십시오. 그러면 모든 지각에 뛰어난 하나님의 평강이 그리스도 예수 안에서 여러분의 마음과 생각을 지켜주실 것입니다."

관용 없이는 기쁨이 회복되지 않습니다. 그리고 관용을 베풀어야하는 이유는 주께서 오실 날이 가까워지고 있으므로 기회를 잃을지도 모른다는 절박함 때문입니다.

히브리서 기자는 "그 날이 가까움을 볼수록" 무엇을 하라고 말합니까? "모이기를 폐하는 어떤 사람들의 습관과 같이 하지 말고"는 모이기에 힘쓰라는 것을 역으로 표현한 것입니다.

서로 돌아보아 사랑과 선행을 격려하며 모이기를 폐하는 어떤 사람들의 습관과 같이 하지 말고 오직 권하여 그 날이 가까움을 볼수록 더욱 그리하자 히 10:24,25

사람들을 알아가는 데는 시간이 걸립니다. 진정한 만남은 돈으로 살 수 있는 것도 아닙니다. 그 만남을 위해 누군가는 자신을 희생해야 합니다. 때로는 힘들지만 서로서로 만나야 합니다. 만남의 횟수만큼이나 좋은 공동체가 될 수 있습니다.

저는 모이기를 힘쓸수록 공동체는 좋아진다고 믿습니다. 이 모임은 서로의 이득을 취하는 게 아니라 서로를 돌아보고 격려하는 모임이기 때문입니다. 이 모임을 통해 서로를 알아가고, 마지막 때를 살아가며 서로에게 힘이 될 수 있다고 믿습니다. 또한 영적으로 성숙한 공동체를 이루어가고, 우리 자신도 영적으로 성숙해 갈 것입니다.

어려움을 함께하는 공동체

예전에 어느 방송에서 노총각 연예인이 자기 아버지에게 "아버지, 결혼하면 좋아요?"라고 묻자 그 아버지가 인상적인 대답을 해주었습니다.

"아들아, 연애는 서로 만나서 좋은 것을 같이하는 거야. 그러나 결혼은 서로 만나서 힘든 것을 같이하는 거지."

이스라엘에 '하브루타'라는 말이 있습니다. 혼자 힘으로 할 수 없을 때, 함께 힘을 모으는 것입니다. 유대인이 많이 학살당했던 홀로코스트 당시 현장에는 이런 글귀가 남아있다고 합니다.

"어려운 일을 당할 때 돕지 않으면 자신도 어려움을 당할 때 도움을 받지 못합니다."

이스라엘에서는 파업(단순한 불법 파업이 아니라)을 매우 중요하게 생각하고, 파업이 일어나면 불편함을 겪을 수 있지만 파업해야 하는 사람에게 마지막 수단이라서 하는 것이니 형제자매가 함께 참여하고 불편함을 감수하라고 가르친다고 합니다.

공동체의 힘은 서로 돌아보고, 서로를 위해 협력하고, 서로를 위해 기꺼이 불편함을 감수해 주는 것입니다. 만일 소그룹 공동체를 통해 자신의 만족만을 찾는다면, 그런 공동체는 존재하지 않기에 찾을 수 없을 것입니다.

'참다운 공동체'란 자기만족을 이루고 좋은 일만 같이하는 게 아닙니다. 그리스도 안에서 한 지체가 되고 한 가족이 되었기에 서로의 허물도 보고 어려움도 같이하며 살아갈 수 있습니다. 하나님은 우리가 서로 좋아하는 일뿐만 아니라 힘들고 어려운 시간도 함께하는 공동체가 되고, 그래서 피상적인 만남이 섭리적 만남으로 바뀌기를 원하십니다.

얼마 전, 입원하여 정말 어려운 가운데 있던 청년부 또래의 한 자매가 병실에서 말씀을 듣고 힘을 얻어서 예배의 자리에 나왔다는 이야기를 듣고 감사한 적이 있습니다.

저는 제 인생에 가장 큰 축복과 가장 복된 일이 "목사님 말씀 들으며 제 인생이 바뀌었어요"라는 말을 듣는 것이라고 생각합니다. 그 말씀이 제 말이 아니라 하나님의 말씀이기 때문이지요.

누군가 나를 가리켜 "당신의 돌봄과 관심이 아니었더라면 내가 지금 이 자리에 있을 수 없었어요"라고 고백하는 것! 그런 섭리적 관계를 만드는 것이야말로 우리 모두에게 인생의 가장 큰 복이 아닐까요.

이 장을 시작하며 당신이 인생에서 섭리적 관계의 그런 누군가를 만나기를 바란다고 했습니다. 그리고 이제 또 하나, 당신도 누군가에게 그런 사람이 되어주기를 바랍니다.

서로가 '아, 그 사람'이 되는 공동체

'여리고' 하면 떠오르는 이름이 있습니다. 누가복음 19장의 삭개오입니다. 그는 어떻게 해서 주님을 만나고 변화되었을까요? 예수님이 자기 이름을 불러주셨기 때문이 아니었을까요? 그가 돌무화과나무 위로 올라갔을 때, 예수님이 "삭개오야" 하고 이름을 불러주셨지요. 그때 그의 인생이 바뀐 것입니다.

성지순례 중에 여리고로 들어갔을 때 가이드 목사님이 들려준 이야기입니다. 교회에는 때가 되어 그냥 집사가 된 '그냥 집사'와 "아, 그 집사!"라고 불리고 생각나는 '아, 그 집사!', 이 두 종류의 집사가 있다고 합니다.

가이드 목사님의 어머니는 '그냥 집사'였다고 합니다. 그런데 새로 부임한 담임목사님이 전화 심방을 하며 자신의 이름을 불러주고, 가족의 이름과 가정의 기도 제목을 다 알고 이야기하실 때 '아, 그 집사!'가 되었습니다.

어머니는 그다음 주부터 장작을 패고 교회에 가마솥을 걸어놓고 교인들을 위해 음식을 만드는 봉사를 30년 동안 한 주도 빠지지 않고 하셨다고 합니다.

공동체에서 누군가의 이름을 불러주는 것이 변화의 시작이 될 수 있습니다. "내가 그의 이름을 불러주었을 때 그는 나에게로 와서 꽃이 되었다"라는 시(김춘수, 〈꽃〉)의 한 구절처럼, 우리가 자신이 속한 공동체에서 누군가의 이름을 불러주고 서로를 돌보기 시작할 때, 우리는 '아, 그 사람!'이 됩니다.

교회마다, 공동체를 이루고 살아가는 교인 한 사람 한 사람이 '그냥 그 사람'이 아니라 '아, 그 사람'이 될 수 있다면 그 공동체는 얼마나 하나님 보시기에 아름다운 공동체가 될까요!

그러나 어쩌면 당신은 마음의 상처로 누군가를 만나는 게 아직 두려울지도 모르겠습니다. '다시는 상처받지 않으리라. 사람 때문에 아파하지 않으리라' 하면서 자꾸 숨어 들어가는 중인지도 모릅니다.

그런 이들에게 히브리서의 말씀은 큰 힘과 위안이 되어주며 "상처와 두려움으로 숨어 들어가는 것이 아니라 서로를 돌아보고 격려하며, 하나님 마음이 있는 그런 공동체를 만들어 보지 않겠느냐?"라고 도전합니다.

히브리서 기자는 모임에 관한 본문의 말씀을 전하며 "그날이 가까움을 볼수록 더욱 그리하자"라고 말했습니다. "더욱 그리하자"라는 말에서 어떤 생각이 드나요? 이 말은 앞서 권면한 일, 즉 서로 돌아보아 사랑과 선행을 격려하는 일, 모이기에 힘쓰는 그 일들이 쉽지 않으리라는 의미입니다. 그러나, 그렇더라도 서로를 사랑으로 격려하며 더욱 애쓰자는 말이지요.

이 말이 오늘 당신에게 주시는 말씀이라고 믿으며, 당신에게 권면하고 도전하고 싶습니다. 하나님께서 우리를 각 교회 공동체로 불러주셨는데, 이 공동체가 피상적 관계로 끝나는 것이 아니라 섭리적 관계를 이룰 수 있도록 서로 돌아보아 사랑과 선행을 격려하고 "더욱 그리"하기를 바랍니다.

디트리히 본 회퍼 목사님은 그리스도인의 공동체를 가리켜 "우리의 이상이 실현되는 곳이 아니라 하나님이 일하시는 영적 현시대에 우리가 참여하는 것"이라고 말했습니다. 그렇습니다. 우리의 공동체는 내 이상이 아니라 하나님의 마음이 있는 곳이어야 합니다.

저는 하나님의 인격에 중독된 사람들이 서로서로 사랑으로 격려하고 선행을 격려하는 공동체를 꿈꾸며, 그것을 이루는 것이 바로 우리의 사명이라고 굳게 믿습니다.

그런 믿음의 공동체를 만들어 갈 때, 그 공동체를 통해 우리 가운데 주님 오심을 기다리는 삶의 모습이 만들어지며, 각 사람이 영적으로 자라고, 서로를 붙들어주게 될 것입니다.

* 만나교회의 소그룹 공동체

소그룹 모임의 명칭은 교단이나 교회에 따라 '구역, 순, 목장' 등으로 조금씩 차이가 있고, 그 이름에 따라 모임의 특성도 다릅니다. 만나교회에서는 좀 독특하게 '나무공동체'라고 부르며, '동산'과 '나무', '열매'라는 용어를 사용합니다.

살아있는 나무는 성장하고 계속 열매를 맺습니다. 열매는 많은 사람에게 유익을 주고, 씨앗은 또 다른 나무로 자라 다시 열매를 맺지요. 소그룹 모임이 마치 나무처럼 생명력 있는 공동체가 되어 교인들이 '나무'라는 소그룹을 통해 풍성한 삶과 신앙의 열매를 맺기를 바라는 마음으로 지은 이름입니다.

나무(모임)를 이루는 구성원을 '열매', 나무를 잘 가꾸어 나가는 사람(인도자)을 '나무 리더'라고 부릅니다. 이 나무들이 모여서 동산을 이루고, 각 동산에는 영적 지도자로서의 목사님과 동산을 지키는 평신도 '동산지기', 동산 구역마다 책임지는 '코치'가 있습니다. 건강한 성장을 위해 각 나무에는 다음 나무를 책임질 인턴을 교육하며, 건강한 나무는 새로운 리더와 함께 번식해 나갑니다.

그들을 향한
나의 소원을 알고 있니?

고린도전서 2장 1-5절

형제들아 내가 너희에게 나아가 하나님의 증거를 전할 때에 말과 지혜의 아름다운 것으로
아니하였나니 내가 너희 중에서 예수 그리스도와 그가 십자가에 못 박히신 것 외에는 아무
것도 알지 아니하기로 작정하였음이라 내가 너희 가운데 거할 때에 약하고 두려워하고 심
히 떨었노라 내 말과 내 전도함이 설득력 있는 지혜의 말로 하지 아니하고 다만 성령의 나
타나심과 능력으로 하여 너희 믿음이 사람의 지혜에 있지 아니하고 다만 하나님의 능력에
있게 하려 하였노라

예수 그리스도와 십자가 외에는 아무것도

고린도전서는 바울이 개척한 고린도교회에 보낸 첫 번째 편지입니다. 그 가운데 바울이 어떤 마음으로 교회를 개척했는지 보여주는 2장 1-5절 말씀은 사도행전 17장과 관련이 있습니다. 고린도전서 2장과 사도행전 17장은 선교에 있어서 아주 중요한 부분입니다.

바울이 복음을 전하러 아덴, 즉 그리스의 아테네에 갔습니다. 사도행전 17장 후반부에서 바울은 아덴에 이르러 그곳 사람들과 아레오바고(아덴에 있는 고등재판소)에서 논쟁을 벌이며 복음을 전합니다.

아테네 사람들은 많은 신을 섬기면서, 혹시라도 빼먹은 신이 있을까 봐 그들이 알지 못하는 신을 위한 제단까지 마련해두고 있었습니다. 그런 그들에게 바울은 "너희들이 알지 못하는 그 신을 내가 너희에게 알게 하겠다"라며 하나님에 관해 설명하기 시작합니다.

당시 로마에 풍미한 헬라 철학과 학문에 익숙했던 그는 그 지식과 자신이 배운 수사학을 가지고 아주 지적이고 철학적인 언변으로 그들에게 설명했습니다. 그런데 노력과는 달리 그렇게 풍성한 열매를 거두지 못한 것 같습니다. 그 결과가 17장의 마지막 절에 이렇게 나와 있습니다.

> 몇 사람이 그를 가까이하여 믿으니 그 중에는 아레오바고 관리 디오누시오와 다마리라 하는 여자와 또 다른 사람들도 있었더라 **행 17:34**

"몇 사람", 즉 아주 적은 소수가 복음을 받아들였다는 말입니다. 이어지는 18장 1절은 그 뒤에 바울이 아덴을 떠나 고린도로 갔다고 알려줍니다. 결과가 별로 좋지 않자 실망한 바울은 고린도에 가서 교회를 개척합니다. 이후 고린도교회에 보낸 편지에서 그는 "내가 이런 마음으로 너희에게 복음을 전했다"라면서, 고린도에서 복음을 전할 때는 아덴에서와 어떻게 달랐는지를 말합니다.

> 형제들아 내가 너희에게 나아가 하나님의 증거를 전할 때에 말과 지혜의 아름다운 것으로 아니하였나니 내가 너희 중에서 예수 그리스도와 그가 십자가에 못 박히신 것 외에는 아무것도 알지 아니하기로 작정하였음이라 **고전 2:1,2**

아덴에서는 사람들을 설득하기 위해 "말과 지혜의 아름다운 것", 즉 그가 가진 지식과 아름다운 말로 선교했습니다. 그런데 고린도에서는 "예수 그리스도와 그가 십자가에 못 박히신 것" 외에는 어떤 것도 말하지 않았습니다. '하나님의 마음과 계획'을 전하는 것 말고는 그 어떤 것도 하지 않았다는 것입니다.

바울은 아덴의 실패를 거울삼아, 이제는 그들에게 하나님의 마음만을 전하려 했습니다. 하나님께서 왜 예수 그리스도를 보내어 십자가에 못 박히게 하셨는지, 그 복음 이외에는 전하지 않으려 했습니다. 복음을 전할 때 핵심은 예수님의 십자가에 나타난 하나님의 마음입니다. 그 외에는 아무것도 아닙니다.

이 장의 본문인 고린도전서 2장 1-5절 말씀은 본질적 차원에서 선교란 무엇인지를 말해줍니다. 선교란 하나님의 마음을 아는 것입니다. 단순히 해외에 나가서 사역하는 것만이 아니라, 하나님의 마음이 보여서 그 마음을 전하는 것입니다.

그러므로 우리 교회가 선교를 제대로 하고 있느냐 아니냐의 기준은 아주 간단하고 명확합니다. 하나님의 마음, 그분의 소원과 일치하고 있는가를 보면 됩니다. '하나님의 마음과 일치하고 있는가'는 내 신앙과 내가 섬기는 교회가 어떤지도 잘 볼 수 있게 해줍니다.

잘사는 나라에 선교를?

10년도 더 된 오래전, 영국의 선교사들을 위한 집회와 한인 연합집회를 인도하러 런던에 간 적이 있습니다. 특별히 아는 사람이 있어서는 아니고 그 무렵 몇 년간 제 페이스북을 통해, 영국에서 열심히 사역하는 한 선교사님의 글을 보며 감동했기 때문이었습니다.

그 분은 당시 제가 매일 페이스북에 올리는 묵상에 늘 댓글을 달고, 자신의 사역을 이야기해주었습니다. 영국은 이제 크리스천의 수가 빠르게 감소하고 있고, 학교에서 매주 교회에 간다고 말하면 이상하게 쳐다보는 나라가 되었다고 합니다.

그런 상황에서도 열심히 복음을 전하는 이야기를 읽으며 그 선교사님의 마음을 느꼈고, '어쩌면 저렇게 영국의 영혼을 위해 열심히 사역할 수 있을까?' 하고 제 마음이 움직여서 그 분을 알지도 못하는데도 영국에 가게 된 것이었지요.

'선교지'라고 하면 대개 못 살고 힘든 나라, 우리가 뭔가 도움을 줄 수 있는 나라, 그래서 복음이 들어가 그 나라의 삶을 바꿀 수 있는 곳이라고 생각합니다. 그런 면에서 보면 영국에서 선교하는 선교사들을 이해하기가 참 쉽지 않습니다. 우리의 도움이 필요한 곳이 아니라, 어쩌면 우리보다 훨씬 더 부유하고 풍요를 누리는 나라니까요.

일본도 그런 면이 있습니다. 일본은 '정직을 팔아 신용을 산다'라는 말이 잘 어울리는 나라이고, 아무리 생각해도 일본인이 우리보다 정직하고 예의도 바르고 잘삽니다. 10여 년 전, 장로님들과 함께 일본에 갈 때도 그런 생각 때문에 우리가 그들에게 복음을 전한다는 게 용납이 잘 안 되었어요.

그런데 2023년에 일본의 오사카 고베 지역에 갔던 청년부 일본 단

기선교팀이 정말 생각지도 못했던 이야기를 했습니다. "왜 그렇게 일본을 미워하세요? 가서 보니까 일본 사람들이 얼마나 불쌍한지 몰라요"라고요. 청년들의 이야기를 들으면서 선교는 경제적인 문제가 아니며, 우리가 일본에 대해 지닌 감정도 선교에 중요한 일이 아니라는 것을 깨달았습니다.

그들이 잘살고 못살고 예의 바른 것을 떠나, 우리가 그들에게 복음을 전해야 하는 이유는 하나입니다. 복음을 모르는 그들이 행복하지 않다는 겁니다. 복음의 눈으로 보면 일본 사회가 미신과 많은 우상에 묶여 있는 게 보이니 말입니다.

일본은 우리가 선교사를 많이 보내지만, 복음을 전하는 게 쉽지 않고 선교가 잘 이루어지지도 않는, 참 힘든 나라입니다. 일본 사람들이 복음을 잘 받아들이지 않는 것도 문제지만, 우리 민족에게는 일본에게서 받은 고통 때문에 증오의 마음이 아직 남아있어 그들에게 복음을 전해야 한다는 간절한 마음도 잘 일어나지 않습니다. 왜 우리가 일본에 선교사를 보내고 복음을 전해야 하냐고 말하는 사람들도 있습니다.

그런데 혹시 이런 생각을 해본 적이 있나요? 우리에게 그렇게 많은 아픔을 준 일본을 향해 하나님의 마음과 소원이 있다는 사실을 말입니다. 언젠가 동경 만나교회의 김광현 선교사가 이렇게 말했습니다.

"왜 일본에 복음이 전해지지 않는 줄 아십니까? 크리스천에게는 묶고 푸는 권세가 있는데, 우리나라의 크리스천들이 미움과 한으로 일본을 묶고 있습니다. 그들을 자유롭게 축복하지 못하기에 복음이 전해지지 않습니다. 이제 우리가 그들을 풀어줘야 합니다. 그들을 축복하고, 그들에게도 복음이 전파되기를 위해 기도해야 합니다."

하나님의 마음을 품고 선교적 지경을 넓혀라

몇 년 전, 필리핀에 있는 코피노(Kopino, 한국 남성과 필리핀 현지 여성 사이에서 태어난 2세를 필리핀에서 이르는 말)들을 돌보는 사업을 하고 싶었습니다. 이 일에 우리나라의 많은 기업이 함께 참여하기로 했는데 다 거절했습니다. 우리나라의 치부를 드러내는 게 그리 좋은 일이 아니라는 것이 가장 큰 이유였습니다.

필리핀에 3만 명이 넘는 코피노가 있습니다. 많은 한국 남성이 필리핀에 가서 참 무책임한 일을 저지른 겁니다. 그 일을 경험한 필리핀 사람들의 눈에 한국인은 어떤 모습일까요?

베트남 전쟁에는 여러 가지 정치적인 이유가 있었고, 한국의 참전에도 그럴 필요와 이유가 있었습니다. 이미 지나간 역사가 되었고요. 하지만 그 전쟁에서 한국 사람들이 베트남 사람들에게 얼마나 나쁜 짓을 했습니까. 그것을 본 베트남 사람들에게 한국은 어떤 나라일까요?

그런데 하나님은 그들의 마음속에 그렇게 나쁜 나라인 우리에게도 복음을 전해주셔서 지금 우리가 예배를 드릴 수 있도록 복을 주셨습니다.

하나님께서 요나를 부르셔서 니느웨에 가서 복음을 전하라고, 그들이 회개해야 한다고 말씀하셨습니다. 하지만 요나는 그 부르심에 순종하지 않았지요. 선지자가 왜 하나님께 순종하지 않았을까요?

니느웨는 앗수르의 수도입니다. 앗수르는 이스라엘을 괴롭히던 원수였기 때문에 용납이 되지 않았던 겁니다. 게다가 그들은 이방 신을 섬기는 족속이니 이스라엘의 신앙에 의하면 멸망 당해야 마땅한 민족이었습니다.

그런데 하나님은 그 땅을 바라보시며 아픈 마음을 갖고 계셨고, 그 마음을 요나가 알기를 원하셨습니다. 결국 하나님께서 요나에게 그분의 마음이 어떤 것인지를 깨닫게 하시고, 그곳에 하나님의 메시지를 전하게 하셨습니다.

바로 그런 하나님의 마음, '하나님의 소원'을 알기 시작하는 것이 선교의 시작입니다. 이것이 오늘 우리에게 어떤 도전을 줍니까? 하나님의 마음을 알고 그분의 소원을 품고 선교적 지경을 넓혀야 한다는 것입니다. 세상 모든 민족이 구원받길 원하시는 하나님의 마음은 얼마나 큰 것일까요. 우리가 용납하지 못하는 사람들을 향한 하나님의 마음이 보인다면, 우리는 어떻게 해야 할까요?

저는 "선교는 하나님의 마음이요 하나님의 소원이다!"라고 정의합니다. 선교는 하나님의 마음으로 이 세상을 바라볼 때 시작됩니다. 세상을 내 마음으로, 내 소원으로 보면 결코 할 수 없는 일이 선교입니다. 하나님의 마음을 알지 못한다면 선교는 이루어지지 않습니다. 진정한 선교는 나의 호불호에 관한 문제가 아니고, 거기에 하나님의 마음이 보일 때 이루어집니다.

하나님의 마음이 보이면 무엇을 전할지가 분명해지고, 해야 할 것이 정확히 보입니다. 그리고 하나님의 마음이 있는가를 알기 시작할 때 비로소 하나님의 역사가 일어납니다. 하나님의 마음이 역사하시는 게 가장 효율적으로 하나님의 역사가 일어나는 것이지요.

이 땅의 밀알이 된 생명들

청년부 목사로 사역하면서 참 많은 선교지를 다녀보았습니다. 거의 30년 전의 필리핀, 중국 등 당시 우리 선교사들이 나가 있던 지역은 정말 지금 우리가 생각할 수 없을 만큼 위생이나 많은 것이 불편하고 살기 힘든 곳이었습니다.

위생의 척도를 이야기할 때 누군가는 "화장실에 집을 짓고 사는 사람들과 집안에 화장실을 두는 사람들로 나눌 수 있다"라고 표현하더군요. 그렇다면 구한말 이 땅에 들어왔던 선교사들에게 조선은 어떤 땅이었을까요? 우리에게 '언더우드의 기도'로 잘 알려진 기도문이 있습니다. 그 글의 일부를 옮겨봅니다.

… 지금은 아무것도 보이지 않습니다. 보이는 것은 고집스럽게 얼룩진 어둠뿐입니다. 어둠과 가난과 인습에 묶여 있는 조선 사람뿐입니다. …

조선의 마음이 보이지 않습니다. 그리고 저희가 해야 할 일이 보이지 않습니다. 그러나 주님, 순종하겠습니다. … 지금은 예배드릴 예배당도 없고 학교도 없고 그저 경계의 의심과 멸시와 천대함이 가득한 곳이지만 이곳이 머지않아 은총의 땅이 되리라는 것을 믿습니다. 주여! 오직 제 믿음을 붙잡아주소서.

이 글은 언더우드 선교사가 쓴 게 아니라 소설 《양화진》(정연희, 홍성사)에 나오는, 작가가 창작한 기도문입니다. 그렇긴 하지만 지금도 많은 선교사가 이 글에 깊이 공감하듯, 당시 언더우드의 마음은 정말 이랬을 것 같습니다.

양화진에 있는 외국인 선교사 묘원에 가본 적이 몇 번 있습니다. 묘비에 여러 글이 있는데 제 마음을 가장 아프게 한 것은 이름도 없이 세상을 떠난 선교사 자녀들의 무덤이었습니다.

자기 나라에서 아이를 낳았더라면 아기들이 그렇게 속절없이 죽지 않았겠지요. 수많은 선교사의 자녀가 태어나자마자 죽어서 묻힐 수밖에 없었던 이 땅에서 복음을 전한다는 것은 그들에게 어떤 마음이 들게 했을까요?

또한 25세로 조선 땅에 온 지 8개월 만에 생을 마감한 여선교사 루비 켄드릭의 묘비에는 이런 글이 적혀있습니다.

"만일 내게 천 개의 생명이 있다면, 그 모두를 조선에 바치리라."

그녀는 1907년 미국 텍사스에서 감리교 청년회의 후원으로 파송되어 조선 땅을 밟았으며, 선교를 위해 한국어를 배우던 중 급성 맹장으로 쓰러져 젊은 나이에 하나님의 부르심을 받았습니다. 아마도 미국에 있었더라면 죽지 않았을 것입니다.

그녀는 죽기 전 마지막으로 부모에게 보낸 편지에서 가족에 대한 그리움을 전하고, 마지막에 이렇게 적었습니다.

저는 이곳에 작은 씨앗이 되기로 결심했습니다. 제가 씨앗이 돼 이 땅에 묻히게 됐을 때, 조선 땅에는 많은 꽃이 피고 그들도 여러 나라에서 씨앗이 될 것입니다. 저는 이 땅에 저의 심장을 묻겠습니다. 이것은 조선에 대한 제 열정이 아니라 하나님께서 가지는 조선에 대한 열정이라는 것을 알게 됐습니다. 어머니 아버지, 사랑합니다.

루비 켄드릭 선교사는 허무하게 이 땅에 묻혔고, 그의 삶이 아무 의미 없이 보일지 모르지만, 하나님은 그녀의 생명을 한 알의 밀알로 사용하셨습니다. 그녀가 죽어가는 순간에 남긴 "텍사스의 청년이 20명, 50명씩 이 땅에 오게 해주옵소서"라는 기도로 인해 텍사스의 청년 20명이 선교사로 헌신했습니다. 지금 우리가 믿고 있는 이 믿음이 헛되지 않은 것은 바로 그 마음이 있었기 때문입니다.

하나님의 마음을 품은 떨림과 두려움

2023년 5월에 미국에서 열린 목회자 세미나에 참석했습니다. 코로나 이후, 한인 교회들이 다 어려움을 당하고, 교회가 없어질지도 모르는 어려운 시간을 지날 때입니다.

한 목사님이 "이렇게 교회가 처참하게 쇠락해 가는 것을 보기 전에 예수님이 재림하시면 좋겠어요"라고 하자 어떤 분이 이런 말을 하시더군요.

"목사님, 목사님이 있는 교회는 어려워지고 있을지 모르지만, 2천 년 동안 기독교는 한 번도 쇠락의 길을 걷지 않았습니다. 지금 이곳은 쇠락하고 있지만, 아프리카와 남미와 우리가 복음을 전했던 그곳에서는 여전히 하나님의 역사가 일어나고 있습니다."

그렇습니다. 교회의 쇠락은 하나님의 마음과 하나님의 소원을 잃어버린 곳에서 일어나는 것이며, 하나님의 마음이 살아 있는 곳에서는 여전히 그분의 역사가 생생하게 펼쳐집니다. 이 땅에 복음을 전했던 서구 교회들이 쇠락의 길을 걸을 때, 한국 교회는 하나님의 마음으로 여러 곳에 선교사를 파송하고 복음을 전하는 놀라운 하나님의 역사를 경험하고 있었습니다.

이런 놀라운 경험은 앞으로도 계속될 것입니다. 지금 우리 한국 교회가 쇠락의 길을 걷고 있다면, 그것은 교회의 침체가 아니라 우리가 하나님의 마음을 잃어버렸다는 증거입니다.

하나님의 마음을 아는 사람들의 삶은 급진적입니다. 평범하지 않다는 말입니다. 아니, 평범한 삶을 거부한다는 것입니다. 이런 삶은 두려움을 동반합니다. 떨림이 있습니다. 떨림과 설렘이 있는 인생을 상상해보세요, 평범하지 않은 삶을 사는 사람들에게 따라오는 당연한 현상입니다.

사도 바울이 고린도 교인들에게 "내가 너희 가운데 거할 때에 약하고 두려워하고 심히 떨었노라"(고전 2:3)라는 고백을 했습니다. 그가 많은 매를 맞고, 배척당하고, 그의 기득권과 학벌을 배설물로 여기며 목숨을 내놓았던 이유는 무엇일까요?

예수 믿는 사람들을 핍박하고 다메섹으로 가다가 부활하신 주님을 만났을 때, 바울은 하나님의 마음을 알게 되었습니다. 하나님이 자기를 위해 그분의 독생자를 이 땅에 보내어 십자가에 못 박혀 죽게 하신 것과 자신을 버리지 않고 지금까지 기다려주셨다는 것, 그리고 누군가를 위해 그와 동일한 마음을 갖고 계심을 깨달은 것입니다.

하나님께서 누군가를 위해 참고 계시고 그들을 위해 십자가에 달리셨다는 것이 그에게 떨림과 두려움이 되었습니다.

'하나님이 나를 사랑하기 위해 그렇게 참으신 것같이 누군가를 위하여 십자가에 달리시고 지금도 참아주고 계신다면 제가 그 복음을 전해야 하지 않겠습니까!'

이 하나님의 마음은 이념, 종교, 인종을 초월합니다. 우리의 생각과 이기심도 초월합니다. 내가 생각하는 그 사람이 아니라 하나님이 생각하는 그 사람을 바라보기 때문입니다.

하나님의 마음을 알게 된 바울은 하나님의 소원 앞에서 "예수 그리스도와 그가 십자가에 못 박히신 것 외에는 아무것도 알지 아니하기로"(고전 2:2) 작정했으며, 예수님과 십자가 복음만을 전하게 된 것입니다.

사도 바울의 두려움과 떨림은 '내가 이 사역을 다 마치고 노후에는 어떻게 하지? 내가 이 일은 어떻게 하지?' 이런 걱정이 아니었습니다. 그는 마지막에 하나님께 버림을 받을까 봐, 하나님의 마음을 떠난 사람이 될까 봐 두렵고 떨렸습니다. 하나님 앞에 버림받지 않으려고 하는 그 마음이었던 거예요. 이 불안과 염려가 사도 바울을 잡아주었고, 결국 그가 끝까지 쓰임 받는 사람이 되게 했습니다.

오늘 당신에게는 어떤 마음이 있습니까? 주님께서 주셨던 두렵고 떨리는 마음이 지금 당신 안에 살아있습니까? 그게 없다면 예배를 드리고 교회에서 사역이라는 이름으로 무언가를 하는 것이 진정 기쁨이 될 수 없을 것입니다. 하나님의 마음이 느껴져, 내가 천 개의 심장이라도 조선에 묻을 수 있다고 생각했던 그 마음이 우리에게 살아있기를 간절히 바랍니다.

주님의 위임이 주는 힘과 능력

학창 시절, 선생님의 명령을 따라 떠든 아이의 이름을 칠판에 적는 그 직책이 얼마나 자랑스러웠습니까? 그게 무슨 권력이라고 말이지요. 제가 초등학교 6학년 때 여동생이 1학년이었습니다. 당시 주번 완장을 팔에 차고, 여동생 반에 들어가 큰소리쳤던 그 유치한 자랑스러움이 제 기억에 남아 있습니다.

수년 전 교회학교 수련회장을 방문했을 때 들은 말입니다.

"목사님, 이번 수련회에서 가장 지대한 역할을 한 사람은 선생님이나 부모들이 아니라, 이제 갓 중학생이 된 아이들이에요. 그 아이들이 함께하며 선생님들을 대신하는데 얼마나 잘하는지, 그리고 후배들이 얼마나 말을 잘 듣는지요."

갓 초등학교를 졸업하고 중학생이 된 아이들이 선생님들을 대신해 자랑스럽게 후배들을 다루고 챙기는 그 모습이 상상되지 않습니까?

바로 이게 'delegation'(위임)의 힘입니다. 누군가의 능력을 대신하는 일은 굉장한 권위가 있는 일입니다. 우리가 삶에서 가장 능력 있는 순간은 아마 가장 힘 있고 권위 있는 사람의 명령을 대신하여 행할 때일 것입니다. 하나님께서 우리와 교회에 위임해주신 게 있습니다. 하나님의 마음을 대신해 하나님의 일을 하라는 것입니다.

사람들이 권력자의 의중을 부지런히 살핍니다. 그의 마음이 어디에 있는가, 그게 힘이라는 거지요. 사도 바울은 그가 사역할 수 있었던 이유 중 하나가 성령의 나타나심과 능력이라고 말합니다.

내 말과 내 전도함이 설득력 있는 지혜의 말로 하지 아니하고 다만 성령의 나타나심과 능력으로 하여 **고전 2:4**

"성령의 나타나심과 능력으로"라는 말이 굉장하지 않나요! 이 말을 영어성경으로 보면 뜻이 더 명확합니다. "with a demonstration of the Spirit's power"(NIV), 즉 성령께서 역사하시면 그 능력이 보여지고 증명되는 것입니다.

하나님의 일을 능력있게 하는 것은 지혜나 수단이나 방법, 돈에 있지 않습니다. 그 일에 하나님의 능력이 나타나는 임재가 있느냐 없느냐의 문제입니다.

성령이 충만하여, 부활하신 주님의 부르심에 선명한 비전을 가졌던 바울은 모든 것을 배설물로 여겼습니다. 성령의 능력이 나타나는 곳에서 자신의 힘과 능력을 자랑하거나 증명할 필요가 없기 때문이지요.

형제들아 내가 너희에게 나아가 하나님의 증거를 전할 때에 말과 지혜의 아름다운 것으로 아니하였나니 **고전 2:1**

"말과 지혜의 아름다운 것으로 하지 않았다"라는 그의 말이 눈에 들어옵니다. 하나님의 소원과 마음이 내 안에 살아 있을 때 성령님의 도우심을 구하게 되고, 그러면 그분의 능력이 나타납니다. 하나님의 소원이 우리 속에 살아 있을 때 우리의 가슴에서부터 나오는 것이 삶을 가장 강력하게 만듭니다.

성령의 능력이 사라지면 일어나는 일

그런데 언제부턴가 우리에게서 성령의 능력이 사라져버린 것 같습니다. 성령의 능력이 일어나지 않을 때 어떤 현상이 나타날까요?

먼저는, 성령께서 하신 일을 자기 것으로 둔갑시키고, 자기 업적을 자랑하며 인정받고 싶어 합니다. 그러니 어느 순간부터 내 능력을 자랑하고 내 것을 자랑하기 시작한다면 내게서 성령의 능력이 떠난 증거입니다.

원하는 만큼 채워지지 않으면 보상심리가 생깁니다. 명예로 보상받으려 하고 다른 사람들 위에 군림하려 하다 보니 온갖 직책이 생기게 됩니다. 어디에 가나 어떤 조직을 총괄하는 사람들이 있습니다. 처음에는 섬기기 위해 시작했지만, 시간이 지나면서 섬김을 받으려 하는 거지요. 이처럼 사람의 명예가 드러나면 드러날수록 성령의 능력은 사라져갑니다.

다음으로, 가장 보편적인 현상이 물질로 보상을 받으려는 시도입니다. 지금까지는 성령의 능력으로 일해 왔고, 성령께서 하시는 일이기에 염려하고 걱정하기보다는 가슴이 뛰었습니다. 그런데 성령의 능력이 사라지니 세상의 염려가 눈에 들어오고, '내가 힘을 가져야 한다'라고 생각합니다.

복음을 전하는 사람에게 돈을 모아야 안심이 된다는 생각이 들기 시작했다면 '성령의 능력'이 사라진 증거로 보아야 할 것입니다. 성령의 능력이 떠나간 교회 안에서 돈에 얽힌 문제들이 생기고 돈 문제로 싸움이 일어납니다. 선명한 비전이 사라지면 자꾸 돈이 올무가 되기 시작합니다.

미국에서 강준민 목사님(새생명비전교회)과 만나 교제할 때 그의 말 중에 아주 인상적인 한 문장이 있었습니다.

"검색이 많아지면 사색이 줄어듭니다."

요즘 모든 분야에서 '챗 GPT'가 활용되고 있는데, 젊은 목회자들이 설교를 준비할 때 말씀을 묵상하기보다 간편한 검색 기능을 활용한다고 합니다. 하나님의 일을 하는데 우리가 검색을 해요. 하나님을 생각하지 않으니 말씀을 묵상하지 않고, 하나님의 마음을 묻지 않고, 알려고 하지도 않습니다.

교회든 개인이든, 하나님의 마음을 모르면 지극히 세속적인 존재로 전락하고, 더는 하나님의 도구로 쓰임 받지 못하게 됩니다. 하나님의 마음이 내 안에 들어오지 않으면, 우리는 열심히 '우리'의 일을 하고, 그에 대한 보상을 받으려 듭니다.

릭 워렌 목사는 그의 저서 《목적이 이끄는 삶》에서 "크리스천은 선택해야 한다. 우리는 '세상적'(worldly)인 크리스천이 될 수도 있으며 '세계적'(World-Class)인 크리스천이 될 수도 있다"라고 말했습니다.

세상적인 크리스천은 자기 뜻을 이루고 자기 욕심을 채우려고 하나님을 바라보고 그분의 뜻을 이용하는 사람입니다. 하나님께 택함을 받기는 했으나 자기중심적인 사람입니다. 택함받은 '선명한 소명'이 사라지면 늘 내가 우선이 됩니다.

"저 사람 변했어!"라는 말은 부름받은 그 사람이 사라지고 지극히 세속적인 사람이 되었다는 뜻입니다. 그런 세상적 크리스천에게 나타나는 명확한 현상은 '편안함'을 추구하는 것입니다. 지극히 이기적이고 자기중심적인 사람이 되어 섬김을 받으려고만 합니다.

반면, 하나님의 기쁨이 되는 월드클래스, 세계적인 크리스천은 자신이 구원 얻고 부름받은 목적이 누군가를 섬기며 복음을 전하기 위해서임을 압니다. 이들은 자신의 삶을 포장하거나 과장하지 않으며, '내가 얼마나 편안한가, 얼마나 인정받는가, 남이 나를 얼마나 알아주는가'로 움직이지 않습니다.

'하나님께서 나를 사용하심'에 설레고, "하나님, 아직도 내 안에 선명한 하나님의 비전이 살아 있어서 내 가슴이 뛰고 있습니다. 하나님의 마음이 내 안에 살아 있어서, 저 이거 내려놓고 포기할 수 있습니다"라고 이야기할 수 있는 사람입니다.

이들이 온전히 사명자로 살아가며, 성령의 능력이 드러날 때 세상이 그 삶에 감동하고, 영향받고, 변화됩니다.

*　　*　　*

하나님의 소원이 내 안에 살아있으면 자연스럽게 세상을 향해 가슴이 열립니다. 하나님의 마음이 그렇기 때문입니다.

내게 구하라 내가 이방 나라를 네 유업으로 주리니 네 소유가 땅 끝까지 여기서 하나님께서 구하라고 하시고 유업으로 주신다는 것이 '세상적 소유'가 아님을 아시지요? 우리가 밟는 땅을 변화시키는 놀라운 비전에 대한 소망입니다. 교회는 하나님의 마음이 살아 있을 때 존재의 이유가 있습니다. 그래서 지경을 넓히시는 하나님의 이끄심이 우리에게 있어야 합니다.

구한말에 복음을 접한 사람들이 세계적인 사고로 공부하고 우리 근대사에서 지도자가 된 것을 기억하시나요? 크리스천의 위대함은 이 세계를 품고 기도할 때, 하나님께서 이 세계를 위해 우리를 사용하신다는 사실입니다.

"주님, 하나님의 마음이 어디 있습니까?"라는 질문이 계속되어 당신이 하나님께서 쓰실 수 있는 사람으로 살아가기를 바랍니다. 하나님의 비전이 선명히 살아있고, 하나님의 사랑하심과 나를 사용하심에 여전히 가슴이 뛰는 사람, 그래서 "이 하나님의 일에 내 심장을 묻을 수 있습니다"라고 고백할 수 있는 사람이기를 간절히 바랍니다.

내 기쁨과 슬픔을
함께 바라보겠니?

갈라디아서 1장 10절

이제 내가 사람들에게 좋게 하랴 하나님께 좋게 하랴 사람들에게 기쁨을 구하랴 내가 지
금까지 사람들의 기쁨을 구하였다면 그리스도의 종이 아니니라

사람의 마음에 들려는 오류

한 젊은 목사가 만장일치로 큰 교회의 청빙을 받고 부임했는데 사실은 투표 결과가 243대 2로, 만장일치는 아니었다는 것을 나중에 들어 알게 됐습니다. 그는 살짝 기분이 상했지만 누가 반대했는지 물어볼 수는 없었습니다.

그런데 교인들을 가만히 살펴보니 누구인지 감이 잡혀서 그 두 사람을 자기 편으로 만들고자 노력했습니다. 그렇게 시간이 흘러 재신임 투표가 있었는데 그만 사임할 수밖에 없게 되었습니다. 투표 결과가 예전과 똑같이 243대 2로 나왔는데 이번에는 그 두 사람만 찬성하고 나머지 243명이 다 반대했던 것입니다.

참 웃지 못할 일입니다. 너무나 비현실적인 이야기처럼 들리나요? 유기성 목사님이 한 책에서 소개한, 《언더그라운드 교회》(로빈 마이어스, 한국기독교연구소)에 나오는 일화인데, 정말 실화인지는 잘 모르겠지만, 사람에게 잘 보이려 하면 이런 결과가 나타나지 않겠습니까?

교회도 사람도 우상일 수 있습니다. 사람들에게 좋게 보이고 그들의 마음에 들려고 하는 일이 얼마나 가능한 일일까요? 어떻게 모두를 다 만족시키는 삶을 살 수 있습니까? 하나님의 사명을 감당한다고 하면서 사람의 마음에 들고자 애쓴다면, 과연 하나님의 마음에 드는 사역이 이루어질까요?

교인들의 마음에 다 드는 목회라는 게 가능할까요? 목회를 하는 사람으로서 절대로 그런 일은 존재하지 않는다고 생각합니다. 이 사람에게 좋게 하면 누군가에게는 불편할 수 있습니다. 하나님을 믿는 자로서 교회 공동체 안에서 사역하면서 사람의 마음에 들려고 애쓸 게 아니라 하나님이 기뻐하시는 일인가를 늘 생각해야 합니다. 그러지 않으면 늘 불만으로 가득 찰 수밖에 없습니다.

하나님의 일을 하면서 범하기 쉬운 오류 가운데 하나는 자꾸 '사람의 마음'에 들려고 하는 겁니다. 아무리 '사역'이라는 이름으로 포장해도, 그런 시도는 하나님의 마음을 아프게 할 뿐입니다.

그뿐 아니라, 사람의 마음에 들려는 시도는 끊임없이 채워지지 않는 '갈증'만을 만들어, 시간이 지날수록 점점 지치게 됩니다. 변하는 사람의 마음을 어떻게 만족시키며, 이기적인 인간의 마음을 어떻게 맞출 수 있을까요!

'우리 교회', '내 교회'가 중심이 되고, 여기에 초점이 맞춰지면 사람들의 평판에 신경 쓰게 됩니다. 그러나 '하나님의 마음'이 중심이 되고, 그 마음이 교회의 존재 이유가 되면 하나님의 음성에 귀 기울일 것입니다.

사도 바울은 "이제 내가 사람들에게 좋게 하랴 하나님께 좋게 하랴 사람들에게 기쁨을 구하랴 내가 지금까지 사람들의 기쁨을 구하였다면 그리스도의 종이 아니니라"(갈 1:10)라고 말했습니다.

우리가 교회와 신앙의 본질을 회복하기 위해 끊임없이 물어야 할 질문은 "우리는 하나님의 마음에 드는가?", "이것은 사람에게 좋기 위한 것인가, 하나님을 기쁘게 하기 위한 것인가?" 바로 이것입니다.

전에는 제 가슴을 뛰게 한 일이 많았는데, 언제부터인가 마음이 좀 무감각해진 것 같았습니다. 그런데 얼마 전 어떤 분이 저와 교제하며 "목사님, 지금 이런 걸 해야 하지 않습니까?"라고 하는데, 참 오랜만에 가슴이 뛰었습니다.

이 뛰는 가슴을 잃고, 하나님의 기쁨과 관계없어진 채 살아가고 사역하고 있는 건 아닌지요. 그날 하나님께서 그분의 마음으로 제 가슴을 다시 뛰게 하신 것처럼 이 책을 읽는 당신 또한 하나님의 마음으로 인해 가슴이 뛰었으면 좋겠습니다.

유일하고 비범한 인생

저는 '비범함'이라는 말을 참 좋아하는데, 하나님을 믿는 우리가 사람의 마음을 맞추려고 하면 우리 삶이 지극히 평범해집니다. 혹시 '아니, 세상에서도 잘난 사람만 찾는데 목사님도 비범한 사람만 좋아

한다는 건가?' 하고 기분이 언짢아지셨나요? 제가 말하는 평범과 비범은 세상의 기준이 아니니 오해가 없길 바랍니다.

제가 말하는 '평범한 인생'은 우리를 지으신 하나님의 계획이 아니라 사람들의 비위를 맞추는 인생을 의미하고, '비범한 인생'이 된다는 건 세상적 가치에서 물질적으로 성공하는 게 아니라 하나님의 계획과 목적에 맞게, 하나님께서 계획하신 '유일한 인생'을 산다는 뜻입니다.

세상의 기준에 맞춰 살면 아주 평범한 인생을 살겠지만, 자신을 향한 하나님의 기대와 목적이 분명하게 살아 있는 인생은 비범해집니다. 이런 '평범'과 '비범'은 어떻게 보면 '작품'과 '상품'의 차이와도 같지요. 상품은 공장에서 찍어 내는 것으로, 새로울수록 가치가 있고 시간이 지나 낡으면 효용가치가 점점 사라집니다. 하지만 작품은 시간이 지나거나 흠집이 나도 변하지 않습니다.

중요한 건 그것을 '누가', 그리고 '왜' 만들었냐는 거지요. 하나님께서 각 사람의 얼굴을 다르게 만드신 건 '비교'하기 위해서가 아니라 '구별'하기 위해서입니다. 마찬가지로 교회를 세우신 것 역시 다른 교회처럼 되라는 게 아니라 그 교회를 세우신 마땅한 이유에 따라 사역하라는 뜻입니다.

그런데 사명을 따라 세우신 교회, 그리스도를 주로 고백하는 믿음 위에 세워진 교회가 제힘으로 열심히 일하다 탈진해버리거나 사명의 자리를 벗어나 일탈을 일삼는다면 그런 교회를 바라보시는 하나님의 마음에 슬픔이 있을 것입니다. 그래서 교회의 사명과 사역은 사람의 생각과 욕심을 끊임없이 내려놓고, 하나님의 기쁨이 무엇인지를 생각할 때 나타납니다.

사도 바울이 왜 하나님의 기쁨과 사람의 기쁨에 관한 질문을 하게 됐는지 그 맥락을 살펴봅시다. 바로 그 앞 절에서 갈라디아의 교인들에게 보낸 편지를 보니 복음을 떠나는 사람들이 있었던 모양입니다.

> 그리스도의 은혜로 너희를 부르신 이를 이같이 속히 떠나 다른 복음을 따르는 것을 내가 이상하게 여기노라 다른 복음은 없나니 다만 어떤 사람들이 너희를 교란하여 그리스도의 복음을 변하게 하려 함이라 **갈 1:6,7**

이 질문은 그의 사역에서 어떤 분기점 내지는 점검 포인트인 것 같습니다. 그가 복음을 전하고 교회를 개척했는데 사람들이 여전히 신앙생활을 하고는 있지만, 그 복음이 변질돼 버렸다는 겁니다.

우리를 교란하는 다른 복음, 변질된 복음이 무엇인가요? 언제부터인가 교회가 커지고 사람이 많이 모이면 잘되는 것으로 생각하는 듯합니다. 교인들도 경제적으로 부유해지면 하나님의 축복 가운데 신앙생활을 잘하고 있다고 여깁니다. 여전히 교회에 나오고 신앙생활을 해도, 하나님의 마음을 떠나서 세상과 동일한 기준으로 교회와 신앙을 보게 된다면 그것은 변질된 복음입니다.

커지고 부유해지는 것보다, 이 세상을 향한 하나님 아버지의 마음이 어떠한지를 동일하게 바라보는 것이 중요합니다. 사도 바울은 "내가 사람들에게 좋게 하랴, 하나님께 좋게 하랴?"라고 근본적인 물음을 던진 것입니다. 오늘 당신은 사람을 좋게 하는 일로 살아가고 있습니까, 하나님을 기쁘시게 하는 일로 살아가고 있습니까?

성전을 헐라고 하신 의미

제임스 맥도날드 목사(하비스트바이블교회)가 《버티컬 처치》(두란노)라는 책에서 "하나님은 우리나 우리의 찬양을 필요로 하시지 않는다. 하지만 우리는 자신의 교만을 제거하기 위해 찬양이 절실히 필요하다"라고 말했습니다.

하나님은 우리가 찬양하지 않아도 어디서든지 찬양을 받으실만한 분이며, 우리 때문에 그분이 바뀌시지 않습니다. 우리가 하나님을 찬양하고 예배하는 중요한 이유는 찬양할 때 그분 앞에서 우리의 교만이 사라지고, 하나님의 영광이 드러나기 때문입니다. 하나님을 찬양할 때, 하나님이 우리를 부르신 각 교회의 목적과 우리의 신앙이 가장 명확하게 드러날 것입니다.

하지만 하나님을 찬양하지 않는 교회, 그 영광이 사라져버린 교회에는 더 이상 하나님이 드러나지 않기에 그분의 슬픔만이 있을 뿐입니다. 피조물이 창조주의 목적에 합당하게 사용되지 않을 때, 즉 하나님께서 세우신 교회가 그분의 뜻에 합당하게 사용되지 않을 때, 교회를 바라보시는 아버지의 안타까움과 슬픔이 있습니다.

요한복음 2장에서 예수님은 성전을 정화하시며 "내 아버지의 집으로 장사하는 집을 만들지 말라"(16절)라고 무섭게 질책하시고, 표적을 구하는 유대인들에게 "너희가 이 성전을 헐라 내가 사흘 동안에 일으키리라"(19절)라고 말씀하십니다. 그렇게 말씀하신 목적은 성전을 허는 데 있지 않고, 새로운 성전을 일으키는, 즉 세우는(새번역) 데 있었습니다.

이 성전은 수십 년의 공사를 마치고 완공을 앞둔 '헤롯 성전'입니다. 이 헤롯은 예수님 나실 때 어린아이들을 학살했던 바로 그 '헤롯 왕'(마 2:1)입니다. 그런 그가 예루살렘 성전을 재건한 건 신앙심이 아니라 유대인들의 마음을 얻으려는 정치적 목적 때문이었죠. 예수님이 완공을 앞둔 성전에서 허물어져 가는 성전을 보셨다는 것이 놀랍습니다.

성전은 크고 웅장하게 지어졌지만, 그 안에는 물건을 파는 자들이 있었고, 이미 도적의 소굴이 되어 있었지요. 하나님의 영광이 떠나가 버렸고, 예수님은 그런 성전을 향한 하나님 아버지의 슬픈 마음을 보고 계셨습니다. 성전을 헐라고 말씀하신 이유는 그것을 헐어야 하나님의 기쁨이 만들어지기 때문이었습니다.

오늘 주님은 우리 교회와 한국 교회를 바라보시면서 어떤 마음이실까요? 많은 교회가 세워졌고, 세워지고 있는데 우리가 교회를 생각하며, 특히 크고 아름답게 지어지는 성전을 바라보며 "하나님의 마음이 기쁘신가, 아니면 사람의 마음이 기쁜가?"라는 본질적인 질문을 던져봐야 하지 않을까요? 교회 건물의 크기나 웅장함이 아니라 그 건축물이 누구를 기쁘게 하려고 세워지는지를 생각해봐야 합니다.

아무리 힘써 성전을 세워도 그곳에 하나님의 영광이 나타나지 않는다면, 주님은 그것을 "헐라!"라고 말씀하십니다. 물론 그때도 주님의 목적은 '허는' 것이 아니라 '세우는' 것입니다. 그것을 헐어야 하나님을 기쁘시게 하는 새로운 성전을 '세울' 수 있기 때문입니다.

사실 '건물' 이야기를 하려는 건 아닙니다. '하나님의 마음'을 생각하며 나누려고 합니다. 교회마다 하나님나라를 위해 많은 사역을 하는데, 하나님께서 그 교회를 세우셨을 때 하나님이 기뻐하시는 일이 교회 안에서 일어나고 있는지 아주 본질적인 질문을 던지며 생각해보려고 합니다.

교회 안의 변질

내 자식이 제구실을 못 할 때 부모의 마음이 참 아픕니다. 그렇다면 제구실을 못 하는 교회와 교인들을 볼 때 하나님 아버지의 마음도 많이 아프지 않으실까요? 조금 심각하게 한국 교회의 상황을 이야기해보겠습니다.

1970-1980년대에 이화여자대학에서 배우자감의 직업 선호도를 조사했는데 이때 목회자의 순위는 이발사 다음으로, 매우 낮은 편이었습니다. 그런데 1990년대 이후에 다시 조사했을 때는 3위였다고 합

니다. 실제 목회자 사모 중에 이대 출신도 꽤 많습니다. 어떻게 바뀔 수 있었을까요?

1970년대를 지나면서 우리나라는 산업화와 함께 급성장했고, 많은 사람이 교회로 몰려들었습니다. 그 시기의 교회에서 자란 사람들은 이전 세대가 고생하며 복음을 전하던 모습 대신, 모여든 교인과 부유해진 교회에서 물질적 풍요를 누리는 목회자들을 보았습니다. 그러면서 소위 목회에서 성공하면 잘산다고 생각하기 시작했지요. 마치 중세시대에 성직자가 되는 것이 조상 때부터 내려온 빈곤으로부터의 해방과 신분 상승을 의미했던 것처럼 말입니다.

목회자들의 헌신으로 교회가 부흥하고 헌신한 사람들이 복을 받는 것을 본 사람들이 그 부흥과 축복을 꿈꾸며 헌신을 흉내 내기 시작했고 그런 교회도 우후죽순처럼 생겨났습니다. 하나님을 기쁘시게 하려 일어났던 일들을 흉내 내는 사람들로 인해 변질된 모습이 생겨나면서 교회 안에 많은 부작용이 일어나기 시작했습니다.

교회로 인해 장사하며 먹고사는 사람들이 많아진 것도 사실입니다. 교회 건축과 리모델링으로 돈 버는 사람들이 생겼고, 낙원상가의 악기와 음향 장사하는 사람들은 교회가 먹여 살린다는 말이 돌 정도였습니다. 이제는 영상 장비들을 가지고 교회를 대상으로 장사하는 사람들이 늘기 시작했습니다.

물론 목회와 예배, 교회의 교육을 위해 필요한 것들입니다. 아름다운 성전과 좋은 시설에서 예배드리는 것이 잘못이 아니며, 사역에 필요한 건물들이 지어지는 건 고마운 일입니다. 우리는 좋은 음향 및 영상 장비들 덕분에 비대면 예배의 시기를 잘 통과할 수 있었고, 지금도 수혜자로서 이런 장비들의 유익을 누리고 있습니다. 그러나 필요에 의해서가 아니라 장사를 위해 자리잡은 사람들이 늘어나면서 교회는 상업화되기 시작했습니다.

예전에는 교회 건축이 온 교인의 헌신이었는데 언제부턴가 헌신은 사라져가고, 교회를 건축하면 누군가 떡고물을 얻어먹고 리베이트를 받는 비리가 생기고 금전 문제도 많이 일어났습니다. 교회 건축이 필요에 의해서만 이루어지는 게 아니라 세를 과시하는 자랑의 수단이 되어 버렸지요.

교회가 들어서고 또 하나의 건물이 생기는 것이 하나님의 기쁨이 아니게 되었습니다. 더 무섭게 이야기하면, 하나님나라를 확장하기 위해 세워졌던 교회들이 더는 그 확장의 도구가 아니게 되었다는 말입니다. 주변에 교회가 많이 세워질수록 오히려 하나님의 영광이 사라져버리는 건 아닌지요.

하나님께 예배하기 위해 지어진 성전에 장사하는 무리가 들어서고, 교회가 도덕적으로 잘못된 목회자와 세상의 기준에도 미치지 못하는 모습으로 뒤덮이고 있다는 말에 어느 정도 수긍이 갑니다. 예수님이 채찍을 드셨던 예루살렘 성전처럼, 기도하는 집이 강도의 굴혈이 되고 있습니다. 예수님이 이 시대 교회를 바라보면서도 채찍을 들고 "이 교회를 헐어버려야 하겠다"라고 말씀하실지도 모르겠습니다.

양극화로 나타난 시대 현상

교회의 양적 성장이 진행되면서 불행히도 교회가 양극화되기 시작했습니다. 작은 교회는 단지 작다는 이유로 무시를 당하고, 큰 교회는 단지 크다는 이유로 "당신들이 우리 교인들을 다 빼앗아가서 우리가 이렇게 어렵습니다"라는 비난을 받았습니다. 주님의 몸 된 교회가 이래저래 욕을 먹기 시작했습니다.

그래서 교회마다 어느 정도 규모가 되면 어려운 교회를 도와야 한다는 책임감을 느껴 '우리가 돕는 교회', '우리가 선교하는 지역'의 명단을 작성하고 선교비 명목으로 돈을 보내기 시작했습니다. 그런데 그것으로 할 도리를 다했다고 여기며 교회를 돕고 살리는 것을 '돈'으로 해결할 수 있다고 생각하는 경향이 나타나는가 하면, 어려운 교회가 큰 교회에서 도움을 받는 것을 당연시하는 모습도 보였습니다.

새롭게 세워진 교회에서 목회자들이 현실적으로 다가온 '생존'의 문제를 가지고 싸우는 동안 '사명'은 보이지 않게 되었습니다. '미자립'이라는 이름으로 고뇌하는 교회가 한국 교회 전체의 80퍼센트에 이르는데 더 심각한 건 이런 현상이 점점 심화되는 것입니다.

한국 교회가 미국 교회의 영향을 받고 그 패턴을 따라가는 경향이 있으므로 미국 교회를 보며 한국 교회의 미래를 어느 정도는 예측해볼 수 있을 것 같습니다. 비관적으로 들리지만, 교회가 대형화되고 작은 교회들이 힘들어지는 상황은 당분간 계속될 것 같습니다.

한국 교회가 큰 부흥을 경험하던 1990년대에 저는 미국에서 공부하면서 "미국 교회가 계속 어려워지고 있다"라는 이야기를 들었는데 사실 이해가 잘 안 되었습니다. 미국에서는 출석 인원 2천 명 이상의 대형 교회를 '메가 처치'(mega-church)라고 부르는데 50여 곳에 불과하던 메가 처치가 1990년대를 넘어서면서 2,000곳 이상으로 늘어났기 때문입니다.

전체적인 신자의 숫자는 감소하는데 대형화되는 교회는 증가하다니 어떻게 그럴 수 있을까요? 이유는 간단합니다. 사람들이 작은 교회에 안 가고 큰 교회를 찾는 것입니다. 사람들의 기준이 '편리함'이 되었습니다. 소위 우리가 사는 이 포스트모던 시대의 특징이기도 합니다.

우리 사회에도 비슷한 현상이 나타납니다. 대형마트가 골목 상권을 잠식하는 것입니다. 그래서 정부에서 골목 상권을 살리려고 2주에 한 번 마트 문을 닫게 했지만 전혀 통하지 않았고, 결국 의무휴업도 폐지한다고 합니다.

이는 단순히 대기업의 횡포나 법으로 규제할 문제가 아니라 이 시대 사람들의 성향에 관한 문제입니다. 소비자들이 자신들의 취향과 편리함을 따라 찾아가는 현상이지요.

한국 교회의 중대한 문제점도 단순히 교세가 줄어드는 것보다 작은 교회를 찾지 않는 사람이 더 많아진다는 데 있습니다. 이제는 자녀부터 노년까지의 모든 교육 문제가 해결되고, 삶과 신앙의 전반을 다루는 사역들이 갖추어진 큰 교회를 찾아 너무 쉽게 떠나가는 사람들이 많아지고 있습니다.

결국 우리가 안고 있는 문제는 바로 '편리함'입니다. 불행하게도 신앙의 기준이 '하나님'과 '사명'이 아니라 '나에게 무엇이 편리한가'가 되면서 그 기준에서 교회가 개편되고 있으며, 아무리 "그런 것이 아닙니다!"라고 말해도 그 말을 듣지 않는 시대가 되어가고 있습니다.

이 글을 읽는 당신이 지금의 교회 공동체에 정착하고 지금의 신앙생활에 이르기까지 어떤 결정을 하고 얼마나 힘든 시간을 보냈는지 저는 알 수 없지만, 우리 교인들에게 그랬듯이 당신에게도 묻고 싶습니다. 하나님이 오늘 당신을 그곳에 있게 하셨다면 그 교회와 그곳에 있는 당신에게 물으시는 하나님의 기쁨은 무엇입니까?

교회를 향한 아버지의 마음이 아프다

2014년에 실천신학대학원대 조성돈 교수가 목회자 904명을 대상으로 진행한 '목회자의 겸직'에 관한 설문조사에서 소개된 한 사례입니다.

서울 송파구의 A목사. 50대 중반의 그는 한 달간 목회자로 일해도 '사례비(보수)'가 없다. 월~금요일은 식당 보조로 출근해 오후 10시까지 12시간 일한다. 다만 수요일은 '일찍' 오후 8시 퇴근한다. 수요 저녁 예배를 위해서다. '금요 예배'는 부인이 인도한다. 대신 주말엔 열심히 예

배와 교회 사역에 집중한다.[1]

전국 교회의 80퍼센트 정도가 미자립 상태이고, 목회자 대부분이 최저생계비 이하의 수입으로 산다는 건 그전에도 더러 알려진 사실이었지만, 이 조사에서 목회자들이 생활비와 자녀 교육비를 벌기 위해 대리운전, 퀵서비스, 편의점 아르바이트, 물류회사 하역, 우유·녹즙 배달까지 하는 다양한 겸직 실태가 밝혀졌습니다.

또한 목회자들의 월 사례비는 2014년 보건복지부의 4인 가족 기준 최저생계비(월 163만 원)에 못 미치는 경우가 66.7퍼센트, 대법원이 제시한 최저생계비(월 244만 원)에도 못 미치는 경우는 85.6퍼센트에 달했습니다. 이 조사를 실시한 조성돈 교수조차 "결과를 보고 충격받았다. 이렇게 심각할 줄은 몰랐다"라고 말했을 정도입니다.

조사와 통계 자료를 조금 더 찾아보니, 2006년 〈목회와 신학〉의 조사에서는 문을 닫는 개척 교회가 1년에 3,000곳 이상이고, 개척했지만 10년 이상 미자립으로 이어지는 경우는 60퍼센트나 되었다고 합니다.

2010년 〈기독신문〉에서는 담임 목회자의 사례비가 50만 원 이하인 경우가 약 73퍼센트라고 보도했고, 2023년 목회데이터 연구소의 조사에서는 담임 목회자의 절반 이상이 최저임금보다 더 낮은 평균

---

1 김한수, "낮엔 교회, 밤엔 대리운전… '투잡(two job)' 목사님을 아십니까", 조선일보, 2014.10.02.

153만 원의 사례비를 받는 것으로 나타났습니다. 2024년 기준 최저 생계비는 183만 원인데 지금이라고 그때보다 나아졌으리라는 보장이 없습니다.

이렇듯 생활비조차 감당하지 못하는 목회자들, 편리함을 좇아 작은 교회를 떠나는 사회현상으로 인해 힘들어하는 교회들을 보면서 안타까워하는 사람들이 많습니다. 무엇보다 그 가정과 자녀들이 당하는 고통을 바라보시는 하나님의 마음이 얼마나 아프시겠습니까?

이런 교회들의 어려움이 다른 교회와 무슨 상관이 있을까요? 이 땅의 교회는 모두가 그리스도의 한 몸이기 때문입니다. 적절한 예가 될지 모르지만, 샛강이 마르면 큰 강이 마르는 것도 시간문제입니다. 아픔이 느껴지지 않을지 모르지만 작은 종기 하나가 온몸을 상하게 할 수 있습니다.

어렵고 힘에 부치는 작은 교회를 살리는 일은 그리스도의 몸 된 교회를 섬기는 일인 동시에 지금 자신이 섬기는 교회를 건강하게 만드는 일이기도 합니다.

현재 우리 교회는 아무 문제가 없다고 안심하거나, 사회의 흐름이 이러하니 우리 교회는 조금만 노력해도 더 부흥하겠다는 예측으로 즐거워한들 하나님의 마음이 기쁘시겠습니까?

만나교회 하나가, 혹은 조금 크다는 교회들이 이런 문제를 떠안고 해결할 방법은 없으며, 몇 교회가 한국 교회 모두를 책임질 수도 없습니다. 그래도 우리가 무엇을 해야 하나님이 기뻐하실까 생각하며 노력할 때, 같은 생각을 가지고 하나님의 나라를 꿈꾸는 교회들에 작으나마 도움이 될 수 있지 않을까 생각해봅니다.

만나교회의 사역에서 만나는 고민들

우리나라가 참 어렵던 시절, 많은 형제 중 한 사람밖에는 공부를 시킬 수 없었을 때가 있었습니다. 저는 가족의 희생으로 배움의 기회를 얻은 사람이 후에 그 가정을 살리는 역할을 하고, 한 사람으로 인해 한 가문이 일어서는 것을 본 세대입니다. 그래서 하나님께서 우리 교회를 세우신 이유도 많은 교회 중 하나로서 우리에게 주시는 책임이 있기 때문이라고 생각해왔습니다.

'한국 교회의 힘든 현실과 사회현상을 바라보며 하나님은 우리에게 어떤 마음을 가지실까?'를 고민할 때 하나님께서 '그저 몇 교회에 매월 100만 원을 보내주는 것으로 우리의 의무를 다했다, 사역을 끝냈다고 생각할 게 아니라 우리 교인들이 그곳에 가서 함께 예배드리고 사역을 세워주고 교회를 세워가는 일들이 필요하지 않을까?'라는 마음을 주셨습니다.

그렇게 해서, 다시 세우실 하나님의 교회를 꿈꾸며 지난 2012년부터 우리 교회의 MMP사역을 시작하게 되었습니다. 성장하기를 소망하는 개척 교회들을 기수 별로 선발하여 건강하게 성장할 수 있도록 인력, 재정, 목회 노하우 등을 지원하는 프로그램입니다.

그동안 귀한 열매를 많이 맺어왔지만 실제적인 어려움도 많았고, 특히 처음 예수를 믿었거나 오랜 방황 끝에 어렵게 우리 교회에 정착한 분들이 개척 교회로 나가야 하는 데서 오는 어려움도 컸습니다.

많은 고민 끝에 사역 형태를 변경하기로 했으나 '과연 그것이 하나님의 마음을 기쁘시게 하려는 것인가, 아니면 사람의 편의를 도모하는 것인가'라는 질문 앞에서 저도 다시 고민이 깊어졌습니다.

또한, 코로나 시기를 지나면서 제가 잘했다고 생각한 것 중 하나가 교회 버스 운행 중단이었는데 이것에 관해서도 고민이 생겼습니다.

코로나 시기 이전에는 예배 전에 몇 편의 교회 버스를 운행했습니다. 버스 주차도 어려운 데다 차가 없는 분들이 예배드리러 오는 데 도움이 될 것 같아서였습니다. 그러다 어느 순간, 혹시 버스가 도는 노선 중에 상가교회, 작은 교회가 있다면 그 교회 교인이 버스를 볼 때 얼마나 마음이 상할까 싶었습니다.

무턱대고 운행을 그만둘 수는 없었는데, 코로나로 비대면 예배를 드리게 되면서 버스 운행도 전면 중지할 수 있게 되어 다행이라고 생각했습니다. 그런데 최근, 버스가 없어져 수십 년 예배를 드리던 이곳에 올 수 없게 된 교인들, 특히 어르신 세대에 생각이 미치면서 내가 그분들의 마음을 헤아리지 못했다는 안타까움이 밀려왔습니다.

하나님의 마음을 아는 건 참 쉽지 않습니다. 사실 지금도 저는 무엇이 옳은지 모르겠고, 답이 없는 가운데 고민하면서 '무엇이 하나님이 기뻐하시는 일인가요?' 하고 여쭙곤 합니다.

목회하면서 참 많은 결정을 내립니다. 옳다고 생각하는 쪽으로 결정하지만, '진정 옳은가? 어느 것이 하나님이 기뻐하시는 일인가?' 생각하면 정말 쉽지 않다는 것을 절감하게 됩니다. 그리고 어떻게 결정하든, 모든 사람을 기쁘게 할 수는 없겠지요.

설교 시간에 교인들에게 그런 마음을 나누었다가 아내에게 왜 교인들 힘들게 넋두리하듯 설교하냐고 핀잔을 듣기도 했지만, 답이 없는 그것이 제 솔직한 심정이었습니다. 다만 저와 우리 교인들이 하나님의 마음을 알고자 하는 이 고민을 끊임없이 하길 바라는 마음이었습니다. 정답은 모르더라도, 이 고민을 하면서 살아간다면 적어도 빗나가지는 않을 테니까요.

하나님 아버지의 마음은 어디에 있을까

컴패션의 서정인 목사님이 2005년 초 한 아이에게 골수이식을 해주게 되었습니다. 골수이식 과정은 쉽지 않습니다. 오랜 시간 입원해 골수를 척추 밑으로 모으고, 전신마취 후 골반에 구멍을 내서 주사기로 채취해야 합니다. 병원 측의 실수로, 골수 채취 후 척추에 뚫은 구멍 하나를 막지 않아 출혈이 계속되다가 목사님이 쓰러지는 심각한 의료사고가 나기는 했지만, 그래도 골수를 이식받은 아이가 잘 회복되었다는 연락을 받아 다행스러웠습니다.

그런데 약 5개월 후 다시 병원에서 연락이 왔습니다. 그 아이의 백혈병이 재발했는데 이미 목사님의 골수를 이식받은 후라 다른 사람에게서 받을 수는 없고, 목사님만 골수이식을 해줄 수 있다는 것입니다. 그러면서 사실 그렇게 해도 아이가 살 확률은 높지 않고, 지난번 사고도 있어서 거부하셔도 이해한다고 했습니다.

전문의인 매제도 아이가 살 확률은 1퍼센트도 되지 않는다고 하고, 주변의 모든 사람과 아내까지 말려서 목사님은 병원에 거절 의사를 전했습니다. 병원에서도 "그럼요, 이해합니다"라는 반응이었습니다.

그런데 목사님의 마음이 계속 편치 않더랍니다. 더구나 자신은 어린이 구제 사역을 하고 있으니까요. 그래서 수술을 안 해도 된다는 걸 확인받고 싶은 마음에, 만나는 사람마다 이 이야기를 했고 사람들은 다들 "그 정도 했으면 됐습니다. 안 하셔도 됩니다"라고 했답니다.

그러다가 에콰도르에 비전트립을 가서, 거기서 만난 한 장로님에게도 그 이야기를 했습니다. 내심 "아휴, 그 정도 하셨으면 충분하네요"라는 답을 기대했는데 뜻밖에도 장로님이 "목사님… 하시지요"라는 것이었습니다.

가슴이 철렁 내려앉은 목사님에게 장로님은 "제 큰아이가 백혈병으로 세상을 떠났습니다. 지금 그 아이 부모의 심정은 말할 수 없이 힘들 겁니다. 목사님이 골수이식을 해주시면 살고 죽고를 떠나서, 그 아이와 부모에게는 하나님의 사랑을 전하는 기회가 되지 않을까요?"라고 했습니다.

그 말을 듣고 가슴이 너무 답답해진 목사님이 호텔로 돌아와 혼란스러운 마음으로 기도하는데, 마음에 음성이 들려오며 평안이 찾아 왔답니다.

'정인아. 나는 너를 이해한다. 그리고 너를 잘 안단다. 그런데 만약 그 아이가 네 친딸이었다면 너는 그 아이를 포기할 수 있겠니? 설사 1퍼센트의 가능성밖에 없다고 해도 말이야.'

망치로 머리를 한 대 맞는 기분이었습니다. 제가 진짜 아버지였다면 수술을 거부했을까요? 절대 그러지 못했을 것입니다. 살릴 수 없다 할지라도 시도하고 또 시도했을 것입니다. … 하나님께서는 못을 박듯 다시 한번 제 마음에 말씀하셨습니다.

'그 아이는 내 것이란다.'

_《"고맙다"》(서정인, 규장) 中에서

목사님은 다시 골수이식을 해주었고, 어머니의 간절한 매달림과 기도에 하나님이 응답하셔서, 이식받은 그 아이는 지금까지 건강하게 잘 지내고 있답니다. 그 가족이 모두 교회를 다니고 있고, 그 아이의 아버지도 다른 아이에게 골수이식을 해주었다고 합니다. 생명이 생명을 낳습니다.

* * *

이 이야기가 우리에게 주는 도전은 내가 할 수 있느냐 없느냐의 문제가 아니라, 하나님 아버지의 마음이 어디 있느냐는 것입니다.

우리가 모든 것을 할 수 있는 건 아닙니다. 한다고 한들 얼마나 많은 일을 하겠습니까. 대단한 일, 모든 일을 할 수는 없지만 언제나 하나님의 마음에서 시작해야 합니다. 한 가지 분명한 것은 지금 이 시대의 한국 교회와 어려운 교회들을 바라보는 하나님 아버지의 마음이 있을 것 같다는 것입니다.

생존에 관한 문제, 교회에 관한 문제는 우리가 풀 수 있는 문제가 아닐 것입니다. 우리가 그렇게 한다고 얼마나 많은 문제를 해결할 수 있겠습니까? 그렇다 해도, 항상 교회를 향한 하나님 아버지의 아픈 마음을 헤아리며 미래를 준비하고 고민했으면 좋겠습니다. 무엇보다 우리가 지금 하는 일과 하고자 하는 일이 하나님의 마음과 어떤 관계가 있는지를 늘 생각해야 합니다.

우리가 알듯이, 그렇게 깨끗해 보이는 사해에 물고기가 살지 못하는 이유는 요단강에서 흘러들어온 물이 고여 염도가 높아졌기 때문입니다. 우리 교회가 살아 있다는 것은 잘되는 것을 자랑하는 것이 아니라 하나님께 받은 은혜들을 끊임없이 흘러가게 하라는 것 아니겠습니까.

하나님의 마음이 있는 곳에 우리의 마음이 있다면, '우리' 교회를 세우시고 우리를 부르신 사역이 아름다울 수 있겠다고 생각합니다. 하나님의 마음으로 인해 우리의 가슴이 뛸 수 있으면 좋겠습니다.

나의 방법으로
섬기고 나눠주렴!

사도행전 2장 44-45, 47절

믿는 사람이 다 함께 있어 모든 물건을 서로 통용하고 또 재산과 소유를 팔아 각 사람의 필요를 따라 나눠 주며 … 하나님을 찬미하며 또 온 백성에게 칭송을 받으니 주께서 구원 받는 사람을 날마다 더하게 하시니라

섬김으로 완성되어 가는 예배

사실 저는 만나교회에서 이 본문 말씀으로 여러 번 설교했습니다. '또?'라고 생각하는 교인이 있었을지 모르지만 제가 그럴 수밖에 없었던 이유는 우리 교회가 꿈꾸는 교회의 모습이 바로 이 사도행전 2장의 초대 교회에 들어있기 때문입니다.

마태복음 16장에서 예수님은 베드로의 고백을 들으신 후 친히 반석 위에 교회를 세우겠다고 말씀하셨고, 그 교회는 사도행전 2장에 나온 대로, 마가의 다락방에서 성령을 체험한 사람들에 의해 시작되었습니다. 성령을 체험한 사람들의 가장 큰 변화는 자신의 필요가 아니라 다른 사람들의 필요가 눈에 들어오기 시작한 것이었습니다.

돕는 것은 모두가 할 수 있지만, 자기 방식이 아니라 필요한 사람의 방식으로 돕는 것은 쉬운 일이 아닙니다. 돈이나 능력이 내 소유라고 생각하면 자기 마음대로 할 수 있겠지만, '내 것이 아니라 그것을 가지지 못한 사람들의 것이고 다만 하나님이 그것을 맡겨주신 것'이라고 생각한다면 그때는 내 마음대로 쓸 수 있는 게 아닌 것을 알게 되고, 비로소 그들의 필요와 방식을 보게 될 것입니다.

초대 교회의 나눔의 역사는 착한 사람들에 의하여 시작된 것이 아닙니다. 그것은 성령을 체험한 사람들이 하나님의 마음을 가지고 시작한 나눔의 운동이었습니다. 그러므로 구제와 나눔을 할 때도 하나님의 마음과 그분의 방법을 아는 것이 정말 중요합니다.

성령의 역사가 시작되면서 초대 교회에는 두 가지 일이 일어났습니다. 교인들이 온 백성에게 칭송을 받았고 하나님께서 구원받는 숫자를 더하셨습니다.

하나님을 찬미하며 또 온 백성에게 칭송을 받으니 주께서 구원 받는 사람을 날마다 더하게 하시니라 **행 2:47**

2천 년 기독교 역사 가운데 아주 명백한 표징이 하나 있습니다. 부흥의 역사가 일어나는 곳에서는 예외 없이 교회가 세상 사람들에게 칭송을 받았다는 것입니다.

여기서 분명히 해둘 것이 있습니다. 교회는 하나님을 예배하는 공동체이지 세상의 칭송을 받기 위해 존재하는 것이 아닙니다. 그러나 참다운 예배 공동체는 필연적으로 하나님을 믿지 않는 사람들의 칭송을 받는다는 것입니다.

히브리어 구약성경에서 'avodah'라는 단어는 '일하다'와 '예배하다'

로 번역됩니다. 영어성경에서는 'service'로 번역되었는데 이 단어는 하나님께 드리는 '예배'로도 번역되지만, 사람들에게 행하는 '봉사와 섬김'으로도 번역됩니다. 그러므로 하나님께 기쁨이 되는 온전한 예배는 이 둘이 하나가 되는 것을 의미한다고 생각됩니다. 우리의 신앙에 예배와 섬김이라는 이 두 기둥이 잘 세워져야 하죠.

어떤 사람은 교회에 와서는 그 누구보다 거룩하고 은혜롭게 예배 드리지만, 세상에 나가서는 그 어느 것 하나 남을 위해 희생하지 않고, 자기중심적이고 이기적으로 삽니다. 이런 것은 하나님께서 기뻐 받으시는 예배의 모습이 아닙니다.

또 어떤 사람은 세상에서 착한 일, 선한 일을 많이 하고 정말 열심히 봉사하지만, 하나님 앞에 신령과 진정으로 예배하지 않고 살아갑니다. 이런 사람들 역시 하나님께서 기뻐 받으시는 예배자가 아닙니다.

예배(service)는 하나님께 드리는 최상의 봉사(service)이며, '봉사'는 세상 속에서 몸으로 드리는 최고의 '예배'입니다. 하나님 앞에서 최상의 봉사로 예배하고, 세상 속에서 최고의 예배로 이웃을 섬기며 나누는 모습에서, 세상 사람들은 하나님을 발견하고 영광을 돌리게 될 것입니다.

경제 논리와 현실을 뛰어넘는 그리스도인

저는 개인적으로 '래디컬'(radical)이라는 말을 참 좋아하는데, 이 단어에는 '급진적인'이라는 뜻도 있지만 '기본적인, 본질적인'이라는 뜻도 있습니다. 복음이 우리 가운데 역사해서 본질적인 신앙의 역사가 일어날 때, 우리 삶은 필연적으로 'radical'하고 급진적일 수밖에 없지요. 저는 'radical한 교회는 경제의 논리가 적용되는 것이 아니라 하나님의 마음에 의해 움직인다'라는 것을 분명히 하고 싶습니다.

종종 교회 안에서 구제 방법을 놓고 논란이 일어나는 것을 봅니다. 교회의 존재 이유는 사람들을 구제하기 위함이 아니라는 것이죠. 그런데 이런 논란의 내면을 찬찬히 들여다보면 교회가 손해를 보지 않겠다는 이기심이 숨어 있는 경우도 있습니다.

얼마 전, 어떤 지역으로 집회하러 갔다가 그 지역의 한 교회에서 성도들이 무리를 지어 떠났다는 말을 들었습니다. 이유인즉, 교회에서 운영하고 있던 어린이집을 문 닫았기 때문이었습니다. 그 어린이집에는 100명이나 되는 아이들이 다니고 있었는데, 교회가 건축을 한 후 갚아야 할 빚이 커서 부담이 되자 교회 어린이집 운영에 들어가는 예산이라도 줄여보고자 폐쇄하기로 한 것입니다.

교회는 건축 빚 때문에 아이들을 포기했는데 부근에 있던 절에서는 버스를 대절해 아이들을 데려다가 교육시켰습니다. 돈을 가지고 세운 교회가 하나님이 원하시는 사역을 돈 때문에 멈추자, 더 이상 교회 안에서 소망을 발견할 수 없었던 젊은 부모들이 교회를 떠나기 시작했습니다.

교회는 절대로 경제적인 논리로 운영되어서는 안 됩니다. 하나님의 마음이 있는 곳에, 하나님의 마음을 보는 사람들이 하나님의 역사를 일으키는 것이 교회여야 합니다.

성령을 체험하고 난 후 초대 교회의 교인들에게는 경제적 논리가 보인 것이 아니라 하나님의 가슴이 느껴졌습니다. 그러자 내 재산을 팔아서 필요를 따라 나눠줘야겠다는 생각이 들었고 그것이 교회의 사역이 되었습니다. 그들이 모여 예배하는 공동체가 되었더니 백성들이 그들을 칭송하기 시작한 것입니다.

우리가 "현실은 그런 게 아닙니다. 현실을 좀 직시하세요"라는 말을 흔히 듣고, 쉽게 말하기도 합니다. 사실, 현실에 바탕 둔 신앙생활을 하는 것도 참 중요하지요. 그러나 더 중요한 게 있습니다. 현실보다 더 중요한 것은 하나님의 마음이 우리에게 보이기 시작하는 것입니다.

한 번은 군산, 광주, 전주로 좀 멀리 심방을 다녀왔습니다. 그곳에서 신앙생활을 하는 우리 교인들이 있어서인데, 특히 한 주도 빠지지 않고 광주에서 올라오는 청년들이 있어서 그들도 만났습니다. 매주 KTX를 타고 올라와 주일예배를 드리고, 변화산 새벽기도회 때는 매일 차를 운전해 참석하고 돌아가는 청년들입니다.

그들을 만났을 때, 대견한 한편 현실적으로 너무 마음이 안타깝기도 해서 제가 별로 목사답지 않은 이야기를 했습니다. "여기 와서 신앙생활하고 회복되고 하는 건 참 좋은데 이제 '아, 너무 힘들다' 하는 생각이 들면 지역에서 봉사하고 섬기는 교인이 돼도 괜찮아"라고요.

근데 그 청년이 "목사님, 분당까지 교회 가는 것이 너무 힘들고 어렵기는 한데, 참 놀랍게도 하나님께서 다른 기쁨을 주세요. 그래서 그 교회에 가야 하는 이유가 있는 것 같아요"라고 대답하는 거예요.

그 청년도, 초대 교회의 교인들도 그러했듯이, 그리스도인이란 하나님께서 주시는 마음과 기쁨이 있다면 현실을 뛰어넘고 현실과 다른 삶을 살아갈 수 있는 사람이라고 믿습니다.

세상의 마음을 움직이는 교회

한국인이 원하는 종교인의 이미지는 어떤 것일까요?

2020년 6월, 목회데이터연구소가 실시한 〈코로나19 이후 개신교인을 보는 일반 국민의 인식〉 조사에서 1위가 성숙한 인격(77%)이고 2위는 높은 도덕성(68%)이며 3위는 높은 사회봉사율/기부율(36%)로 나타났습니다. 세상 사람들은 목사, 기독교인에게 영성이 아니라 도덕성을 원했습니다.

또 지역사회와 한국 사회를 섬기는 공적 역할에 관해서는 개신교인의 80퍼센트, 개신교인이 아닌 일반인의 83퍼센트가 "공공성이 필요하다"라고 응답했습니다. 교회가 이 세상 안에서 공공성의 역할을 감당했으면 좋겠다는 것입니다.

이 조사를 통해, 사람들이 지금 교회에 대하여 영성이나 도덕성을 요구하는 것이 아니라 교회가 어떤 일을 하느냐에 관심을 둔다는 것을 알 수 있었습니다.

교회는 세상 사람들의 마음에 들기 위해 세워지고 사역하는 것이 아닙니다. 하지만 하나님의 뜻대로 사역하는 교회에는 사람들의 마음을 움직이는 힘이 있습니다.

기독교의 역사를 보면, 교회의 부흥과 평가는 교인들이 아니라 예수 믿지 않는 사람들에 의해 좌우되었다는 것을 분명하게 알 수 있습니다. 이 말을 오해하지 않길 바랍니다. 교회가 하나님의 마음보다 사람의 마음을 먼저 생각해야 한다는 것이 아니고, 하나님의 마음으로 목회하는 교회는 필연적으로 세상 사람들의 마음을 움직인다는 말입니다.

하나님은 어떻게 해서든 구원받는 사람이 늘어나기를 원하시기 때문에 하나님의 마음으로 사역하는 교회에는 세상 사람들의 마음을 움직이는 역사가 일어날 수밖에 없지요.

사도행전 2장에 성령 강림 후 초대 교회가 세워지고 베드로가 복음을 전할 때 하루에 3천 명, 5천 명씩 회개하고 부흥하는 역사가 일어났습니다. 2천 년 전의 예루살렘이라는 도시를 생각해보세요. SNS가 있는 것도 아니고 광고지를 돌린 것도 아닌데 어떻게 사람들이 그렇게 모였을까요?

저는 그 이유가 명백하다고 생각합니다. 그들이 교회와 복음에 대한 매력을 느끼고 말씀을 들으려고 찾아왔다는 것입니다. 들으려 하지 않는 사람에게 어떻게 복음을 전할 수 있겠습니까? '들어볼 만하다', '들어봐야겠다' 할 때 복음을 전하자 그렇게 수많은 사람이 회개하는 역사가 일어난 것입니다.

저는 〈예수 믿지 않는 사람들의 눈에 비친 교회〉라는 제목으로 박사학위 논문을 쓰면서, 교회가 올바른 역할을 감당하고 성장하기 위해 세상 사람들의 눈으로 교회를 볼 필요를 느꼈습니다. 그래서 만나교회를 담임하고 목회를 시작하게 되었을 때, 전문기관에 의뢰해 우리 교인들뿐만 아니라 분당에 거주하는 비기독교인들을 대상으로 리서치를 했습니다.

"당신들은 만나교회가 어떤 교회였으면 좋겠습니까?"

믿지 않는 사람들에게서 1위로 나온 대답은 '구제하는 교회'였습니다. 그들은 자신이 교회를 다니지 않아도 "교회가 세상을 돕는 공동체가 되어야 한다"라고 대답했습니다. 이기적인 세상을 살아가는 사람들의 마음속에 누군가를 위해 희생하는 이타적인 모습을 보고 싶은 갈망이 있음을 느꼈습니다.

선교학을 공부하고 목회를 시작하는 저는 '교회의 참된 기능은 교회 공동체를 위해 존재하는 것이 아니라, 교회 공동체 밖에 있는 사람들을 구원하기 위해 존재해야 한다'라는 확신을 얻었고, '우리 교회가 세상 사람들에게 매력적인 교회가 되었으면 좋겠다. 세상 사람들이 교회를 바라보며 소망을 가졌으면 좋겠다'라는 소망을 품었습니다. 하나님을 모르는 사람들이 마음속으로, 교회가 적어도 이 땅의 소망이라고 느낀다면 복음에 귀를 기울이지 않겠습니까?

교회의 가장 큰 사명은 교회를 통해 하나님이 드러나서 세상이 하나님을 볼 수 있게 하는 것입니다. 오늘날 교회의 문제는 선한 일을 하지 않는 게 아니라 선한 일은 많이 하는데 그것을 통해 하나님이 드러나지 않는 데 있습니다. 하나님의 모습 대신 교회의 이름이 드러나는 경우가 많지요.

성경의 원리에 근거해서 보면 하나님이 드러나는 교회의 사역이 이루어지기 시작할 때 교회는 필연적으로 매력적인 교회가 될 수 있습니다. 그러나 교회가 드러나고 우리의 인간적인 면들이 드러나서 교회가 매력을 잃어버립니다.

구원의 역사는 교회를 믿기 때문이 아니라, 그 안에 계시는 하나님을 믿기 때문에 일어나는 일입니다. 그러니 우리가 나눔과 봉사의 일을 할 때 '어떻게 하면 교회는 드러나지 않고 하나님만 보이도록 할 수 있을까'를 고민하고 기도해야 하지 않겠습니까?

앞서 이 장을 시작하면서, 돕는 것도 내 방식으로 내 마음대로 하는 게 아니라고 했습니다. 나누는 것도 하나님의 방법을 따라 해야 할 텐데, 그렇다면 하나님의 방법을 따라 나누는 것은 어떻게 하는 것일까요?

출애굽한 이스라엘 백성이 광야를 지나야 할 때 하나님은 그들에게 일용할 양식으로 만나를 내려주시며, 욕심을 부리지 말고 각 사람이 필요한 식량만큼만 거두라고 명령하셨습니다.

이스라엘 자손이 그같이 하였더니 그 거둔 것이 많기도 하고 적기도 하나 오멜로 되어 본즉 많이 거둔 자도 남음이 없고 적게 거둔 자도 부족함이 없이 각 사람은 먹을 만큼만 거두었더라 출 16:17,18

이 말씀은 그들이 실제로 욕심내지 않고 필요한 만큼만 가져서, 많이 거둔 사람도 남음이 없고 적게 거둔 사람도 부족함이 없이 각기 필요한 만큼 얻게 되었다는 보고입니다.

그들 중에는 손이 불편하여 하루 먹을 식량을 충분히 거두지 못한 사람도 있었을 테고, 또 거동이 불편하여 전혀 만나를 거두지 못한 사람도 있었을 것입니다. 그런데 그들조차 일용할 양식에는 부족함이 없었다는데 어떻게 그것이 가능했을까요?

아마도 건강하여 필요한 분량 이상을 거둘 수 있었던 사람들이 그것을 나눠주었을 것 같습니다. 많이 거두어도 자신이 필요한 것 이외에는 더 가지지 않고, 양식을 거두지 못한 사람들과 나누었기에, 많이 거둔 자도 남음이 없고 적게 거둔 자도 부족함이 없었을 것입니다. 그게 광야에서 만나를 주셨던 하나님의 원리였어요.

초대 교회 공동체의 삶에도 동일한 나눔의 원리가 적용되었습니다. 사도행전 2장 44절 말씀과 같이, 각 사람의 필요에 따라 나눠주는 것이 하나님의 사람들이 살아가는 원리요 하나님의 백성이 세상을 섬기는 방법이었습니다. 그리고 하나님의 원리가 실현되는 교회를 바라보며 사람들이 그 공동체를 칭송했던 것이지요.

하나님의 이름만 드러나게 일하자

2009년, 제가 계속 몸이 아파서 병원 치료를 받으며 '내가 죽을 수도 있겠구나' 싶을 때 하나님께서 '너 이렇게 살다가 죽어서 내 앞에 오면 내가 너에게 '얼마나 큰 교회에서 목회를 하다 왔냐'가 아니라 '너는 뭐 하다 왔냐'를 물을 것이다'라는 마음을 주셨습니다.

그것에 대답할 수 있어야 하겠기에 '하나님, 제가 뭐를 하다가 하나님 앞에 갈 수 있을까요?'라고 여쭈었는데 그때 하나님이 제 마음에 주신 답은 교회의 일이 아니라 하나님의 일이었습니다.

많은 교회가 교회 일을 하지만 하나님의 영광이 드러나지 않고, 오히려 선한 일을 하면서도 세상에 손가락질을 받는 일들이 일어나고 있었습니다. 그것을 생각해보다가 교회가 선한 일을 하면서 나를 드러내고 교회를 드러내려고 하니 하나님의 모습이 보이지 않는다는 것을 깨닫게 되었습니다.

그래서 교회의 이름이 아니라 하나님의 이름이 드러날 수 있으면 좋겠다는 마음으로 교회가 기금을 출연하여 한 단체를 시작하게 되었는데, 그러면서도 고민되는 게 있어 다시 하나님께 여쭤보았습니다.

'하나님, 이 세상에는 이미 월드비전, 컴패션, 기아대책 등등 많은 기구와 큰 단체들이 있는데 지금 우리가 이것을 시작해서 무엇을 할 수 있을까요?'

이 질문에 대해 하나님은 아주 명확한 답을 주셨습니다.

'나는 너에게 많은 것을 원하지 않는다. 그러나 네가 하는 것만큼

이 세상은 변하고 바뀔 수 있다.'

하나님은 위대한 일을 말씀하시는 게 아니라 우리가 하는 일을 통하여 변화될 수 있는 것을 꿈꾸게 하셨습니다.

그래서 이 단체는 우리 교회에서 시작했어도 명칭에 '만나교회'라는 이름을 사용하지 않았으며, 이 점을 자랑스럽게 여기는 교인들이 참 많다는 것이 제게는 너무도 감사한 일입니다. '우리 교회'를 세우신 사명에 충실하다는 것은 우리 교회를 세우신 하나님의 일을 하는 것이지, 하나님께서 세우신 교회가 자기 교회를 위하여 일하는 것이 아니라는 것을 우리 성도들이 명확하게 잘 알고 있기 때문입니다.

> 내 형제들아 만일 사람이 믿음이 있노라 하고 행함이 없으면 무슨 유익이 있으리요 그 믿음이 능히 자기를 구원하겠느냐 만일 형제나 자매가 헐벗고 일용할 양식이 없는데 너희 중에 누구든지 그에게 이르되 평안히 가라, 덥게 하라, 배부르게 하라 하며 그 몸에 쓸 것을 주지 아니하면 무슨 유익이 있으리요 이와 같이 행함이 없는 믿음은 그 자체가 죽은 것이라 **약 2:14-17**

야고보서 기자가 여기서 말하는 "행함"은 곧 자기희생을 가리킵니다. 자기희생 없이는, 자기 것을 희생하여 나누지 않고는 행함이 있을 수 없다는 말입니다. 당신은 무엇을 희생하여 믿음을 보이고 있습니까? 나눔은 쉬운 것이 아닙니다. 내 것을 나누어 주는 희생과 섬김이 있어야 하기 때문입니다.

그런데 나눔이 희생이라는 것은 단순히 물질적인 것만 이야기하는 게 아닙니다. 자신의 이름이 드러나는 것을 희생하는 것도 포함되고, 궁극적으로는 그 차원을 넘어서 끝까지 하나님 중심적인 사역이 되어야 합니다.

만나교회의 사역 노력과 고민

만나교회를 담임하게 됐던 시절, 교회에는 빚이 많았습니다. 하지만 그때 장로님들에게 "이 주변에 있는 어떤 단체에서든 복지 기관에서든 도와달라고 하면 무조건 도와줍시다"라고 부탁을 드렸고, 그래서 심지어 불교에서 운영하는 복지관에도 하나님의 이름으로 도움을 주었습니다. 그 일로 매년 부활절과 크리스마스 때면 스님이 저에게 화분을 보내오고 있습니다.

이상하게 느껴지나요? 저는 그 복지관에 있는 사람들과 스님들도 잠재적 그리스도인이며, 우리가 우리에게 주어진 자원을 어떻게 쓰느냐에 따라 그들의 마음을 열고 복음을 전할 수 있다고 믿습니다. 그러므로 교회가 그들의 마음을 열고 그들을 돕는 일은 잘못된 것이 아니라고 생각합니다.

그 당시에는 소위 차상위 계층이라고 해서 정부의 도움을 받지 못하는 세대들을 돕는 일도 했습니다. 그런 사람은 정부의 도움을 못

받으니까 구청에서도 동사무소에서도 고민이 컸는데, 그런 사람이 있으면 만나교회로 연락하라고 하자 계속 연결을 해줘서 20년 동안 그 일을 해왔습니다.

덕분에 근처 학교의 교사들과 성남에 있는 각 구청에 만나교회가 꽤 인기 있는 교회가 된 것은 참 감사한 일입니다. 법적으로 혜택을 받지 못해 안타까운 차상위 계층 아이들을 도울 길이 만나교회를 통해 열렸기 때문입니다. 점점 더 많은 결식아동과 소년소녀가장들을 돕게 되는 것도 너무나 감사하고요.

돈뿐만 아니라 정보도 나눔이 필요하다

그 외에도 만나교회는 호스피스 사역, 복지관과 보육원 봉사 등 많은 섬김과 나눔의 사역을 꾸준히 펼치며 많은 개인과 단체를 돕고 있지만, 다음 단계를 고민하고 있기도 합니다.

세상이 많이 바뀌어 복지 정책을 정부가 주도해야 하는데, 이렇듯 정부가 복지의 많은 부분을 감당하는 상황에서는 단순히 물질로 돕는 것을 넘어, 정부의 지원을 받을 수 있도록 도와주는 일이 더 급하다고 생각되기 때문입니다. 개인적으로, 이런 생각을 하게 된 계기가 있습니다.

제 아내와 딸은 각각 장애 진단을 받았습니다. 한 번은 공항에서 급히 탑승해야 하는데 시간은 없고 너무 많은 사람이 줄을 서 있어서 상당히 곤란할 때 아내가 자신의 복지 카드를 보여주고, 저는 보호자가 되어 빨리 수속을 밟을 수 있었습니다.

참 다행스러워하면서 들어가다가 문득 그런 생각이 들었습니다. '장애등급을 갖고 복지 카드를 가진 사람 중에 비행기를 타고 이런 혜택을 받을 수 있는 사람이 얼마나 될까? 똑같이 장애가 있어도 결국 여유 있는 사람들이 혜택을 보는 건 아닐까?'

그런 마음으로 주변을 살피니, 도움이 필요한 사람들이 정보 부족으로 도움받지 못하는 안타까운 현실이 보였습니다. 많이 배우고 생활의 여유가 있는 사람들은 정보를 많이 알고 활용해서 정부에서 받을 수 있는 혜택들을 다 누리는데, 힘들고 어렵고 정보에 어두운 사람들은 마땅히 받아야 할 도움도 몰라서 제대로 못 받는 것입니다.

그래서 우리가 직접 한 명 한 명 돕는 것도 중요하지만, 교회가 오히려 사회복지사나 사람들을 고용해서, 도움이 필요한 사람들이 상담도 하고, 받아야 할 정부의 도움을 받게 하며 정부에서 복지 예산을 필요한 사람들에게 잘 분배할 수 있도록 돕는 것이 더 효율적이겠다는 생각이 들었습니다.

재정의 정직과 투명성

우리 교회 부목사님들이 가끔 저에게 "목사님은 예배 시간에 어쩌면 그렇게 돈 얘기를 잘하세요?"라고 묻습니다. 제가 우리 교인들에게 돈 이야기를 잘하는 이유는 이 헌금이 어떻게 쓰여서 어떻게 하나님이 기뻐하시는지 분명히 말할 수 있기 때문이죠.

그래서 저는 후배 목회자들에게 "목회자가 강단에서 돈, 헌금에 관한 이야기를 자신있게 하지 못한다면 그 목회는 실패한 겁니다"라고 말하곤 합니다. 우리 삶에 꼭 필요한 것이 돈인데 이 돈이 어떻게 쓰이고 헌금이 어떻게 사용되는지를 분명히 이야기하지 못한다면 어떻게 목회를 할 수 있겠습니까?

그동안 만나교회는 똑같은 나눔이라도 어떻게 하는 것이 최선일까를 늘 고민해왔습니다. 무엇보다 헌금이 사용되는 일인데 헛되게 쓰여서는 안 되며 이 나눔이 꼭 필요한 곳에 쓰여야 한다고 생각했기에 참 많은 분이 발로 뛰었고, 정직하고 투명하게 사용하려고 노력했습니다.

세상이 교회를 향하여 불투명하다고, 너희들은 어떻게 그렇게 돈(헌금)을 쓰냐고 할 때, 그들에게 "돈은 이렇게 사용하는 것입니다"라고 말할 수 있도록 투명한 재정 집행을 하겠다고 결심하고 그렇게 하나님께 기도했습니다.

그래서 교회 재정도 그렇지만, 교회에서 출연한 '월드휴먼브리지'라는 단체에서도 그렇습니다. 직원들에게는 정당한 보수를 지급하지만, 저를 비롯해 사무총장으로 함께 일하시는 장로님은 보수를 하나도 받지 않고 있고, 저 또한 대표로 되어 있지만 1원 한 푼 써 본 적이 없습니다.

분기별 소식지를 통해 회계 부분도 늘 보고하고 있고, 감사시스템도 잘 작동되고 있습니다. 가능한 한 기구를 슬림화하여 최소한의 경비를 제외하고는 모든 자원이 목적에 맞게 사용되도록 하고 있습니다.

엄격할 정도로 투명하게 하다 보니 함께 일하는 사람들이 꼭 그렇게까지 해야 하냐고 어려워할 때도 많지만 그래도 저는 "그렇게까지 해야 합니다"라고 대답합니다. 하나님의 일을 하는 것, 교회 헌금을 쓰는 것이 그렇게 쉬운 일이 아니기에 더욱더 정직하고 투명하며 신뢰할 수 있게 되어야 하지요.

나눔의 복에 눈뜨자

형을 잘 둔 분이 있답니다. 그래서 그 분이 어려울 때마다 형이 도와준다고 사람들이 "야, 나도 저런 형 하나 있었으면 좋겠다"라면서 너무 부러워하는 거예요. 그래서 제가 그랬어요. 그런 형을 부러워하는 동생이 되지 말고 동생을 도와줄 수 있는 형이 되게 해달라고 기도하라고요.

…주 예수께서 친히 말씀하신 바 주는 것이 받는 것보다 복이 있다 하심을 기억하여야 할지니라 **행 20:35**

당신에게는 주는 것이 복됩니까, 받는 것이 복됩니까? 무언가를 줄 수 있다는 것이 축복이라는 것을 실감해보셨나요? 아니, 무언가 줄 수 있다는 것이 특권이라는 생각을 해보셨나요?

이 지구상에서는 정말 많은 사람이 기본적인 의식주 문제로 고통 받고 죽어가고 있습니다. 우리가 보는 것은 극히 제한적인데, 지구 전체를 놓고 보면 오늘 내가 얼마나 많은 축복을 누리고 있는 사람인지를 깨닫게 됩니다.

지금 지갑에 돈이 조금이라도 들어있다면 당신은 지구 전체를 100명이 사는 마을로 보았을 때 8명 안에 드는 사람이랍니다. 너무 놀랍죠. 살아가면서 자기가 먹을 것 외의 여유를 가진 사람이 100명 중 단지 8명에 불과하다는 거예요.

2022년 세계식량계획 등 유엔 산하 5개 기구는 기아에 시달리는 인구를 전 세계 인구의 9퍼센트에 해당하는 7억 3천 5백만 명가량으로 추산했습니다. 특히 서아시아와 카리브해, 아프리카 지역은 5명 중 1명이 굶주린다고 합니다. 전 세계 인구의 30퍼센트인 24억 명은 일상적인 끼니 접근이 어렵고, 이 중 9억 명은 심각한 끼니 불안에 놓여 있습니다.[2]

지구마을 사람 중 30퍼센트에게는 내일을 위해 비축한 양식도 없습니다. 영양실조에 당장 먹을 일용할 양식이 없어 굶어 죽어가는 사람도 상당수이고, 오늘 두 다리를 뻗고 편안히 잠잘 거처가 없는 사람도 많습니다. 그들 모두가 하나님의 자녀인데 지켜보시는 하나님의 마음은 얼마나 아프실까요.

---

2 YTN, 〈세계 굶주림 인구 코로나19 거치며 1억 2천만 명 늘어〉, 2023.7

그러나 더욱 하나님을 아프게 하는 것은, 한쪽에서는 굶어 죽고 있는데 다른 한쪽에서는 음식이 남아돌아 쓰레기를 처리하는 방법이 문제가 되는 그 현실, 즉 형제의 아픔을 보고도 자신의 소유를 나눌 줄 모르는 우리의 모습일 것입니다.

우리나라는 이제 절대적인 빈곤이 사라졌다고 말할 수 있습니다. 지금 최소한 먹을 것, 입을 것, 잠을 잘 수 있는 집에 대해서는 그리 큰 걱정을 하지 않고 살 수 있게 되었으니까요. 하나님이 우리에게 주신 큰 복이라 생각합니다. 이 복이 누군가를 향해 나눔의 눈을 뜨기를 소망합니다.

사랑의 나눔 있는 곳에 하나님께서 계시도다
사랑의 나눔 있는 곳에 하나님께서 계시도다[3]

나눔을 살아가는 삶에 하나님이 계십니다. 우리가 교회에서 예배하는 것으로 끝나는 것이 아니라 하나님이 계시는 그 세상을 만들어 가기 위해 움직이면 좋겠습니다. 나눔을 바라보시는 하나님의 마음이 거기에 있을 것입니다. 굶고 어려움을 겪는 사람들에게 우리가 사랑으로 나누며 도움을 줄 때 하나님께서 거기에 계심을 고백할 수 있을 것입니다.

---

3 성 목요일에 발을 씻는 세족식 찬송가 중 하나로 오랫동안 사용되어 온 서방 교회의 찬송가 〈Ubi caritas〉의 번역 가사

예배에서 예배하며 섬기는 삶으로

돕는 것도 어렵지만 도움을 받는 것도 쉽지 않습니다. 때로는 자존심이 상하기도 하고 '내가 왜 이렇게 되었나' 자괴감도 들 수 있지요. 그런데 하나님은 은혜와 나눔이 거기서 그치는 것이 아니라 흘러가게 하시고, 사랑의 나눔이 있는 곳에 그분이 계심을 보게 하십니다.

지난 코로나 기간에 우리 교회에서는 공동체 가운데에서 어려움을 당하는 사람을 위해서 '공동체 기금' 헌금을 했습니다. 교역자들이 몇 차례에 걸쳐서 대상자를 선정하고 모인 헌금을 전달했는데 그때 도움을 받은 어떤 분이 보내온 편지의 일부를 옮겨봅니다.

… 받는 것도 용기가 필요하더라구요. 처음에 지원 이야기를 들었을 때 '우리보다 더 어려운 분들도 많으실 텐데 교인들의 헌금을 우리가 받아도 될까'라는 생각이 들어 부담스러웠는데, "하나님께서 은혜를 부어주실 때가 있더라구요. 지금이 그런 때인가 봅니다. 받은 은혜 흘러넘쳐 다시 나누시면 될 것 같아요"라는 교역자님 말씀에 용기를 내게 되었습니다. 어려울 때 기도가 필요할 때 도움을 받은 것 이상으로 저희도 교회와 하나님나라에 쓰임 받고 나누는 자로 섬길 수 있도록 하나님나라에 동참하겠습니다. 감사합니다.

나눔이 주는 유익은 우리가 하나님의 일을 하고 있다는 것이고, 섬김을 통해 우리의 예배가 온전해지고 있다는 말입니다. 또한 그 나눔들이 정답은 아닐지 몰라도, 자녀와 다음 세대가 우리가 갔던 길을 따라오며 하나님께 쓰임 받을 수 있다면 지금 우리는 참 멋지게 이 세상을 사는 것이 아닐까요?

나눔은 단순히 돈과 자원을 '나눠 주는' 문제가 아니라 하나님을 아는 사람들이 믿음을 가지고, 이 시대를 살아가는 사람들에게 '어떻게 나눌 수 있는가를 고민하는 사람(과 교회)이 되는' 것이라 하겠습니다. 사랑의 나눔이 있는 곳에 하나님께서 계시다는 노랫말처럼, 내가 누군가에게 이 마음을 나눠 주는 것 또한 하나님께서 기뻐하시는 일일 것입니다.

여러분이 몸담은 교회에도 여러 가지 나눔 사역이 있을 것입니다. 하나님이 어떤 분이신지를 드러내는 일이 당신이 다니는 '우리 교회'에서 일어나고 있다고 생각해보세요. 얼마나 아름다운 일인가요!

당신의 교회에서, 또 우리 주변의 귀한 단체들을 통해 이루어지는 많은 나눔 사역을 볼 수 있을 텐데 그것을 그들만의 일로 여기지 말고, '사랑의 나눔이 있는 곳에 하나님이 계심'을 믿으며 동참하여 그렇게 하나님의 마음으로 살아가면 좋겠습니다. 당신이 예배로 끝나는 사람이 아니라 예배하며 섬기는 삶을 살아가는 사람이 되기를 주님의 이름으로 간절히 축복하고 권면합니다.

7

Chapter

내 사랑에 기대어
내 뜻을 돌이켜주겠니?

출애굽기 32장 9-14절

여호와께서 또 모세에게 이르시되 내가 이 백성을 보니 목이 뻣뻣한 백성이로다 그런즉 내가 하는 대로 두라 내가 그들에게 진노하여 그들을 진멸하고 너를 큰 나라가 되게 하리라 모세가 그의 하나님 여호와께 구하여 이르되 여호와여 어찌하여 그 큰 권능과 강한 손으로 애굽 땅에서 인도하여 내신 주의 백성에게 진노하시나이까 어찌하여 애굽 사람들이 이르기를 여호와가 자기의 백성을 산에서 죽이고 지면에서 진멸하려는 악한 의도로 인도해 내었다고 말하게 하시려고 하나이까 주의 맹렬한 노를 그치시고 뜻을 돌이키사 주의 백성에게 이 화를 내리지 마옵소서 주의 종 아브라함과 이삭과 이스라엘을 기억하소서 주께서 그들을 위하여 주를 가리켜 맹세하여 이르시기를 내가 너희의 자손을 하늘의 별처럼 많게 하고 내가 허락한 이 온 땅을 너희의 자손에게 주어 영원한 기업이 되게 하리라 하셨나이다 여호와께서 뜻을 돌이키사 말씀하신 화를 그 백성에게 내리지 아니하시니라

하나님의 뜻을 이루는 기도

앞서 2장에서 소개한 고 이어령 교수는 신앙에 입문해 주님의 아픈 마음을 느낀 후 예수님을 힘들게 하지 않겠다고 결심하고, 기도할 때마다 어떻게 하면 주님을 힘들게 하지 않을지 생각했다고 했습니다.

그러나 우리는 기도할 때 하나님의 뜻이 이루어지기를 바란다고 하고, '하나님의 뜻이 이루어지'기를 바라며 주기도문을 외우면서도 실상은 '나의 뜻'이 이루어지길 원하고 바라고 기도할 때가 많은 것 같습니다. 우루과이의 한 성당 벽에 새겨진 기도문의 일부입니다.

"하늘에 계신"이라 하지 말라. 세상일에만 빠져있으면서.

"우리"라 하지 말라. 너 혼자만 생각하며 살아가면서.

"아버지여"라 하지 말라. 아들딸로서 살지도 않으면서.

"이름이 거룩히 여김을 받으시오며"라 하지 말라. 자기 이름만 빛내려 안간힘을 쓰면서.

"나라에 임하옵시며"라 하지 말라. 물질 만능의 나라를 원하면서.

"뜻이 하늘에서 이룬 것같이 땅에서도 이루어지이다"라고 하지 말라.
자기들 뜻대로 되기를 기도하면서.

《이스라엘 따라 걷기》(이익상, 규장) 中에서

교회에서 제일 많이 하는 말 중 하나가 제자 교육입니다. 제자는 '스승을 따라 사는 사람'인데, 가만히 보면 우리의 기도에는 하나님의 뜻을 따르기보다 그분의 뜻을 돌이켜 내가 원하는 바를 이루려는 노력이 더 많은 것 같습니다.

기도 생활의 진정한 유익이 무엇일까요? 기도해서 내가 원하는 것을 하나씩 이루어가는 것일까요, 예수님을 믿으며 주님의 뜻과 소원을 이루어드리는 것일까요? 당신의 기도는 진짜 당신의 삶과 신앙에 유익합니까? 달리 표현해, 당신이 기도해서 얻는 게 정말 당신에게 유익하다고 확신할 수 있나요?

주변에서 소위 '믿음 좋은 사람'을 많이 봅니다. 열심히 기도하고, 예배드리고, 헌신하고 봉사하는 사람. 그런데 그런 행위만으로 믿음이 좋다고 말하기 힘들다는 걸 알게 되었습니다. 하나님을 믿는 그에게서 하나님의 마음보다 자기의 욕심이 드러나고, 부정적 의미의 '인간적' 모습이 여전히 많이 보이니 말입니다.

믿음 좋은 사람의 기도에서 '하나님의 마음'이 보이지 않는 건 모순이 아닐 수 없습니다. 목회하는 동안 '오랜 신앙생활을 하면서, 저렇게 하나님의 뜻과 어긋날 수 있나?' 싶을 때도 많습니다.

이런 모순에는 잘못된 기도가 있기 때문인 것 같습니다. 당신은 어떤 기도를 하며 살아가고 있나요? 그 기도가 이루어지면 정말 하나님의 뜻이 이루어진다고 확신할 수 있습니까?

약 36년간 많은 설교를 했는데, 어찌 보면 참 쓸데없는 설교를 한 건 아닌가 하는 생각이 들곤 합니다. 말씀은 딱 하나로 귀결되는데, 하나님의 마음을 알고 그분이 기뻐하시는 게 뭔지를 분별한다면 다른 말은 필요 없을 텐데 말입니다.

그래서 저는 근래 이 말을 참 많이 합니다. 결국 우리 신앙의 귀결점은 '하나님이 기뻐하시는 것이 무엇인지를 묻는 것'이라고요. 당신은 하나님의 마음, 그분이 기뻐하시는 게 뭔지를 생각하며 살아가나요? 하나님의 뜻이 이루어지는 것이 정말 내 인생의 복이라고 믿나요?

진정으로 그렇게 믿는다면 그 뜻을 묻는 기도를 할 것입니다. 그렇지 않다면 우리가 어떻게 하나님 앞에, 하나님 뜻대로 이루어달라고 기도할 수 있을까요?

하나님의 뜻을 꺾는 기도

이 장에서는 '하나님의 뜻을 꺾는 기도'에 관해 이야기하려고 합니다. 아니, 여태 '하나님이 기뻐하시는 기도는 하나님의 뜻을 이루는 것'이라고 말하고는 갑자기 '하나님의 뜻을 꺾는 기도'라니요? 말이 안 되는 것 같지요.

하나님의 뜻이 이루어지는 게 맞는데, 하나님의 뜻을 꺾어도 유일하게 그분이 기뻐하실 때가 있습니다. 나 자신과 내 욕망이 아니라 '하나님의 자녀'를 위해 기도할 때입니다. 이런 기도를 '중보기도'라고 합니다. 모든 중보기도가 하나님의 뜻을 꺾는 기도라는 말이 아닙니다. 단지, 하나님의 자녀를 위해 기도할 때 하나님의 뜻을 꺾는 기도를 할 수도 있다는 것이지요.

자녀를 키우면서 "너, 이걸 잘 지켜야 해. 이걸 안 하면 아빠한테 혼나는 거야"라고 했는데 자녀가 그것을 어기고 잘못을 저지르면 부모는 매를 들고 징계하는 게 마땅하지요.

그러나 그때 신나서 벌을 주는 부모는 없을 겁니다. 그것이 약속이고 공의고 아이를 잘되게 하는 심판이라고 생각하기 때문에 혼낼 뿐, 매를 든 부모의 마음은 무척 아픕니다.

만일 그때 옆에서 누가 "역시 그 아빠는 참 공의로워. 잘하는 거야"라며 손뼉을 친다면 그 아버지의 마음이 기쁠까요? 오히려 누군가가 말려주기를 원할 겁니다. "좀 참으세요. 자녀에게 한 번 더 기회를 주실 수 없나요?" 이렇게 말려주면 못 이기는 척하고 매를 내려놓을 텐데 말입니다.

마지못해 내 뜻을 꺾을 수 있도록 누군가 말려줬으면 하는 게 아버지의 마음이지요. 하나님의 마음도 사실은 그분의 마음을 돌이키는 게 아닐까요? 자식을 둔 부모라면 이해가 될 겁니다. 중보기도는 바로 이런 아버지 마음을 이해하는 기도입니다.

혹시 내 가족이나 사랑하는 사람이 하나님께 범죄하여 심판을 받을 만하다면, 그때 내가 해야 할 기도가 바로 중보기도입니다. 자녀가 분명히 잘못된 길로 가기에 하나님의 공의와 심판이 임해야 하는 순간이지만 그 심판을 유보하시도록 하나님의 또 다른 본성인 자비와 사랑에 기대어 드리는 기도입니다.

다시 말해, 하나님의 공의와 심판을 용서와 자비로 바꿀 수 있는 기도이며 하나님의 마음을 따라 하는 기도라고 말할 수 있습니다. 그래서 아름답습니다. 하나님의 사랑과 자비를 드러내게 하는 기도니까요.

하나님을 향한 우리의 사랑, 그리고 우리를 향한 하나님의 사랑만이 '공의'를 넘어선 자비와 용서의 기적을 만들 수 있습니다. 우리가 하나님 앞에서 누군가를 중보하며 자비하심을 구할 때, 그분은 기도를 듣고 뜻을 돌이키는 분이심을 알아야 합니다. 그래서 중보기도에 힘과 능력이 있는 것입니다.

중보기도가 하나님의 마음을 따라 교회가 감당하는 사명 중 하나이고 하나님의 뜻을 이루는 데 꼭 필요하다면, 우리가 그 사역에 동참해야 할 이유가 분명해지지 않을까요?

중보(intercession)는 'inter'(between, 이것과 저것 사이)와 'cession'(go, 나아가다)이 합쳐진 단어로, 즉 이쪽저쪽의 가운데서 서로를 연결해주는 행위를 말합니다. 그러므로 중보기도는 '도움이 필요한 사람을 위해, 자격을 갖춘 사람이 하나님의 자비와 은혜를 얻고자 하나님께 나아가 간구하는 행위'라고 말할 수 있습니다.

지금 하나님의 도우심이 필요한 사람을 위해 우리가 하나님께 간구하는 것, 내 가족부터 이웃과 사회, 민족 전체와 전 세계를 향한 하나님의 뜻을 구하는 모든 게 중보기도입니다. 즉 다른 사람을 위해 성령의 능력을 의지하여 드리는 기도지요.

'기도의 사람' E. M. 바운즈는 "하나님에 관해 사람에게 말하는 것은 위대한 일입니다. 그러나 사람에 관해 하나님께 말하는 것은 훨씬 더 위대한 일입니다"라고 말했습니다. 나 자신을 위한 간구가 아니라 다른 사람에게 초점을 맞추고 기도하는 일이기에 위대합니다.

하나님의 심판과 모세의 중보기도

출애굽기 32장에서 모세가 하나님의 뜻을 돌이키는 기도를 보십시오. 이스라엘 백성이 출애굽하여 가나안을 향해 가는 중에 하나님께서 모세를 시내산으로 불러 십계명을 주셨습니다. 그런데 그가 십계명을 받으러 올라가 있던 40일 동안 산 아래에서는 백성들이 그새를 못 참고, 금송아지를 만들어 절하고 그 앞에서 춤추며 우상 숭배하는 죄를 지었습니다.

공의를 넘어선 자비와 용서가 일어나는 기도

아론이 그들의 손에서 금 고리를 받아 부어서 조각칼로 새겨 송아지 형상을 만드니 그들이 말하되 이스라엘아 이는 너희를 애굽 땅에서 인도하여 낸 너희의 신이로다 하는지라 **출 32:4**

우상 숭배는 죽음의 형벌에 처하는 죄입니다. 하나님께서 시내산 위에 올라와 있는 모세에게 "너는 내려가라 네가 애굽 땅에서 인도하여 낸 네 백성이 부패하였도다 … 내가 그들에게 진노하여 그들을 진멸하고 너를 큰 나라가 되게 하리라"(7, 10절)라고 하십니다.

하지만 모세가 하나님의 영광을 위해 기도합니다. 백성을 진멸하시는 게 하나님의 영광을 가린다는 것입니다. 그리고는 하나님의 언약을 기억해달라고 간구합니다.

어찌하여 애굽 사람들이 이르기를 여호와가 자기의 백성을 산에서 죽이고 지면에서 진멸하려는 악한 의도로 인도해 내었다고 말하게 하시려 하나이까 주의 맹렬한 노를 그치시고 뜻을 돌이키사 주의 백성에게 이 화를 내리지 마옵소서 주의 종 아브라함과 이삭과 이스라엘을 기억하소서 주께서 그들을 위하여 주를 가리켜 맹세하여 이르시기를 내가 너희의 자손을 하늘의 별처럼 많게 하고 내가 허락한 이 온 땅을 너희의 자손에게 주어 영원한 기업이 되게 하리라 하셨나이다 **출 32:12,13**

분명히 이스라엘 백성이 잘못을 저질렀고 벌 받아 마땅합니다. 그러나 모세는 하나님께 "이 백성을 사랑하시지요? 우리를 향한 하나님의 마음이 있으시지요?" 이렇게 기도한 겁니다.

성경은 모세가 중보기도를 한 후 여호와께서 뜻을 돌이켜 백성에게 화를 내리지 않으셨다고 말씀합니다(14절). 하나님의 마음에 기대어 기도할 때 공의를 넘어선 자비와 용서의 사건이 일어나는 그것이 중보기도입니다.

하나님의 뜻을 돌이키는 기도에 그분의 뜻이 들어있다

그런 후에 모세가 시내산에서 백성에게 내려가다가 금송아지 우상숭배의 현장을 발견합니다. 크게 노한 그는 십계명 판들을 산 아래로 던져 깨뜨리고, 금송아지를 불살라 부수고, 아론을 책망하지만, 아론과 백성들에게 진정한 회개가 없고 그들의 방자함이 원수의 조롱거리가 된 것을 보게 됩니다. 27,28절을 보니 하나님의 진노가 임했습니다.

모세가 그들에게 이르되 이스라엘의 하나님 여호와께서 이렇게 말씀하시기를 너희는 각각 허리에 칼을 차고 진 이 문에서 저 문까지 왕래하며 각 사람이 그 형제를, 각 사람이 자기의 친구를, 각 사람이 자기의 이웃을 죽이라 하셨느니라 레위 자손이 모세의 말대로 행하매 이 날에 백성중에 삼천 명가량이 죽임을 당하니라 **출 32:27,28**

레위인들이 칼을 들고, 삼천 명가량을 도륙합니다. 이것은 하나님의 공의입니다. 이스라엘 백성들이 출애굽하는 과정에서 하나님은 이스라엘 백성들과 약속하셨습니다. 그들이 하나님을 섬기면 하나님이 그들을 가나안 땅으로 인도하시고, 그들이 우상을 숭배하면 정녕 죽으리라는 것이었습니다.

지금 백성들이 금송아지 우상을 만들고 숭배했기에 하나님은 그들을 심판하시고 공의를 행하고 계시는 것입니다. 그러나 백성들이 광야에서 멸망할지도 모르는 상황에서 이튿날 모세가 다시 하나님께 나아가 중보기도를 합니다.

> …슬프도소이다 이 백성이 자기들을 위하여 금 신을 만들었사오니 큰 죄를 범하였나이다 그러나 이제 그들의 죄를 사하시옵소서 그렇지 아니 하시오면 원하건대 주께서 기록하신 책에서 내 이름을 지워버려 주옵소서 출 32:31,32

그는 백성의 죄를 사하고 그들을 향한 공의로우신 하나님의 심판을 중지해달라고 간구합니다. 자기 이름을 생명책에서 지워버리더라도 그들을 용서해달라고 간절히 기도하는 그에게서 어떤 모습이 보이나요? 하나님의 뜻을 돌이켰는데, 거기에 하나님의 '마음'이 보입니다. 하나님의 백성을 향한 사랑!

참 신기하지요. 하나님의 뜻대로 기도해야 하는 우리가 하나님의 뜻을 꺾었는데 거기에 하나님의 뜻이 있다니요. 내 자녀, 배우자, 사랑하는 사람들이 하나님 앞에 마땅히 심판받을 만한데, 하나님의 공의가 이루어지는 것이 참 무서운 일이기에 그들을 위해 기도하는데 거기에 하나님의 마음이 있다는 거예요.

하나님의 뜻을 돌이키는 기도 속에 하나님의 뜻이 들어있기에 중보기도가 굉장히 놀라운 겁니다. 기도의 본질이 이런 것입니다. 내가 나의 욕망을 구하는 것이 아니라 하나님 아버지의 뜻과 마음이 무엇인지를 구할 때 그게 진짜 기도가 됩니다.

주되심을 인정한 기도

하나님을 믿는다는 건 철저하게 그리스도를 닮아가는 삶을 사는 것이기에 내 뜻을 꺾는 길입니다. 그러므로 기도란 하나님의 뜻에 순종하기 위해 내가 죽는 것이지, 내 생각대로 하나님의 뜻을 움직이려고 하는 건 분명히 아닙니다.

그러나 자신의 정욕을 위해서 구하는 기도가 아니라 누군가를 위해 드리는 중보기도는 하나님의 뜻을 돌이키는 기도 중에 유일하게 아름다운 것이고, 그 기도에 하나님께서 응답하시는 것을 보게 됩니다. 결국 옳고 그름은 하나님의 뜻을 구하는 기도인가 내 정욕을 구하는가에 따라 갈립니다.

여기서 분명히 짚어볼 부분이 있습니다.

구하라 그리하면 너희에게 주실 것이요 찾으라 그리하면 찾아낼 것이요
문을 두드리라 그리하면 너희에게 열릴 것이니 **마 7:7**

그런즉 너희는 먼저 그의 나라와 그의 의를 구하라 그리하면 이 모든 것
을 너희에게 더하시리라 **마 6:33**

마태복음 7장 7절과 6장 33절을 연결하면 의미가 분명해집니다.
하나님의 나라와 의를 구하는 사람의 모든 기도와 간구를 들어주시
겠다는 말씀입니다. 이 두 구절을 연결해 생각하지 않으면 기도를 오
해하게 됩니다.

또 하나, 기도와 관련하여 크리스천이 가장 좋아하는 구절 중 하나
가 바로 이 말씀인데 보통 "무엇을 구하든지 다 받게 하려 함이니라"
에 주목하지 "내 이름으로"에는 별로 관심을 두지 않습니다.

너희가 나를 택한 것이 아니요 내가 너희를 택하여 세웠나니 이는 너희
로 가서 열매를 맺게 하고 또 너희 열매가 항상 있게 하여 내 이름으로
아버지께 무엇을 구하든지 다 받게 하려 함이라 **요 15:16**

"무엇을 구하든지 다 받게 하려 함"은 하나님이 우리를 택하신 이
유 가운데 하나이자 우리가 받은 아주 큰 복입니다. 그런데 이것은
앞에 말씀한 "내 이름으로" 구하는 것을 전제로 해야만 성립됩니다.

주님의 이름으로 구한다는 것은 주님이 원하시는 것을 구하는 것입니다. 예수님을 '나의 구주'로 인정한 사람, 주되심(Lordship)을 인정한 사람의 모든 기도를 들어주신다는 말씀입니다. 하나님의 주되심을 인정하면서 기도한다면 무엇을 구하든지 다 주신다는 것입니다.

"예수님이 하나님이, 내 삶의 주인이시고, 내 삶을 주관하십니다. 저는 하나님이 좋으신 하나님임을 믿습니다" 이렇게 고백하며 전지전능하신 하나님을 믿을 때, 그분을 믿는 믿음으로 구하는 기도는 무엇이든 다 이루어주십니다. 주되심을 인정한 사람의 기도는 절대 정욕적이거나 자기중심적일 수가 없기 때문입니다.

이제 '하나님의 뜻을 돌이킬 수 있는 기도'가 이해되시나요? 바로 하나님의 마음에 합한 기도를 하는 것입니다. 하나님의 마음을 알면 기도할 때 필연적으로 '하나님이 어떤 마음이실까? 하나님이 이걸 기뻐하실까?' 이렇게 하나님의 마음을 생각해보게 됩니다. 이 마음으로 무엇을 구하든지, 하나님께서 들어주신다는 겁니다. 좋으신 하나님임을 우리가 믿기 때문이지요.

영적 리더를 위한 기도의 동역자가 되어라

만나교회의 강단 뒤쪽에는 '아론'과 '훌'이라는 이름의 방이 있습니다. 예배 시간 내내 2명이 예배와 설교자를 위해 기도하는 중보기도의 방입니다. 이 방의 이름은 출애굽기 17장에서 지도자 모세와 합력하여 기도하여 전쟁에 승리한 아론과 훌의 이름에서 온 것입니다.

출애굽한 이스라엘 백성이 르비딤에서 아말렉과의 전쟁을 치르는데, 이 전쟁의 승리에 있어서 아주 중요한 요인이 바로 '동역'의 원리입니다. 믿음의 파트너, 혹은 승리의 파트너십이라고 할 수 있지요.

아말렉 전쟁은 모세가 혼자 북 치고 장구 치고 다 한 게 아닙니다. 그는 싸움을 여호수아에게 맡기고 자신은 능력의 지팡이를 잡고 산 꼭대기에 서서 기도했습니다. 그가 팔을 들고 있을 때는 싸움에서 이기고, 팔이 내려오면 밀리던 것은 모두가 아는 바와 같습니다.

중요한 건 그 중보기도에 동역자가 있었다는 사실입니다. 아론과 훌이 그 산에 올라가서 모세의 팔이 내려오지 않도록 도왔습니다. 모세가 훌륭한 사람인 건 분명하지만 혼자 전쟁을 승리로 이끌 수는 없습니다.

이 책을 읽는 당신에게 도전하며, 한 가지 부탁을 하고 싶습니다. 당신의 교회가 하나님을 기쁘시게 하는 '소망 있는 교회'가 되기 위해, 무엇보다 당신이 '담임목사'를 위한 기도의 동역자가 되어주었으면 좋겠습니다.

혹시 이런 생각을 해보셨나요? 우리를 향한 하나님의 마음이 있다면, 그 마음을 빼앗으려는 사탄의 계략은 어떤 것일까요? 교회 공동체가 하나님의 소원을 이루어가며, 그로 인해 이 땅에 소망을 주는 공동체가 된다면, 이 공동체를 해체하는 가장 효과적인 전략은 무엇일까요?

옛날 전쟁을 보면 답은 간단합니다. '장수'를 치는 것입니다. 대장이 쓰러지면 전체 사기가 떨어지니까요. 그러니 제가 사탄의 입장이라면 교인 한 명 한 명을 개개인으로 공략하기보다는 담임목사를 공격하는 전략을 택할 것 같습니다. 담임목사가 쓰러지면 얼마나 많은 사람이 상처를 받을까요?

그래서 당신이 강단에 선 설교자, 그리고 소속 교회의 담임목사를 비롯해 각 소그룹 공동체의 담당 교역자를 위해 중보기도를 한다면, 그건 단순히 목사 한 사람을 위한 기도가 아니라 기도하는 당신을 위한 기도요 당신이 속한 교회와 공동체를 위해 아주 중요한 기도 사역입니다.

그런데 '분별'이 필요합니다. 목회자가 도덕적으로 잘못했거나 죄지은 것을 감추는 게 중보기도가 아닙니다. 잘못은 드러나야 하고, 죄는 회개하고 하나님께 용서받아야 합니다.

그러니 만일 당신이 목회자의 죄와 비도덕적인 일 때문에 교회를 떠났거나 상처를 받았다면, 죄책감을 가질 필요가 없습니다. 그것은 하나님 앞에 드러나야 하는 죄이기 때문입니다.

다만, 저는 이런 기도를 요청하고 싶습니다. 담임목사님의 단점이 보이는 순간, 묵묵히 기도하며 돕는 사람이 되었으면 좋겠다는 겁니다. "못생긴 나무가 산을 지킨다"라는 속담이 있지요. 정말 바보같이 묵묵히 지키는 사람들 때문에 나라와 민족이 살고, 교회가 살아나며 하나님의 나라가 세워집니다.

목회자도 죄인인 인간이므로 죄를 지을 가능성이 없지 않으며, 앞으로 그에게 어떤 일이 일어날지 모릅니다. 그러니 함께 사역하고 신앙 생활하는 목회자, 설교자를 위해 그들이 넘어지지 않도록 기도해 주세요. 목회자를 위해 기도함으로 인해 그 교회 공동체가 세워질 수 있도록 각 교회의 한 사람, 한 사람이 기도자가 되어주기를 간절히 소망합니다.

어려울 때일수록 동역자가 되어라

제가 드리는 요청은 단순히 지도자와의 문제뿐 아니라, 당신의 영적 생활에서의 동역도 포함합니다. 아말렉 전쟁(출 17:8-16)에 앞서 1-7절에 기록된 사건을 보면, 모세의 중보기도가 새롭게 보이면서 좀 더 분명하게 이해됩니다.

이스라엘 백성이 모세에게 그렇게 우호적이지 않았습니다. 광야를 행군하다 르비딤에 이른 그들은 물이 없자 바로 지도자 모세에게 불평하며 대듭니다. 고통받는 자신들을 위해 목숨을 걸고 바로와 싸우던 지도자를 이제는 물이 없어 불편하다는 이유만으로 비난하다니 얼마나 못된 사람들인가요? "물에 빠진 사람을 건져주었더니 보따리 내놓으라고 한다"라는 속담 그대로입니다.

백성들은 이때뿐 아니라, 환경이 조금만 나빠져도 바로 모세와 아론을 향해 불평했습니다. 광야를 헤매고 전쟁하는 과정 가운데 정말 일관성 있게 계속되었지요. 동역을 잘하는 사람은 승리하지만 다투고 불평하는 사람은 치욕을 경험하기 마련입니다.

그런데 문제가 없고 모든 환경이 좋을 때는 누구나 좋은 동역자가 될 수 있지만, 어떤 이유로든 관계에 어려움이 생길 때가 문제입니다. 좋은 시절에는 너무나 좋은 동역자였는데 어려운 시기에 서로를 비난하고 떠나가는 경우를 주위에서 보곤 합니다.

사실 동역은 아무 문제가 없을 때보다 정작 어려운 때야말로 필요한 것이지요. 그때 우리는 진정으로 누군가의 동역자가 될 수 있습니다. 비난은 누구나 할 수 있지만, 어려운 가운데 사랑하고 감싸주고 동역하는 건 아무나 하는 게 아닙니다.

교회는 그런 곳입니다. 내 마음에 들어서가 아니라, 그리스도의 몸인 교회가 상처를 입으면 안 되기에 사랑하고 감싸고 기도하는 거지요. 가장 힘들고 어려운 순간을 지날 때, 끝까지 자리를 지키며 중보하는 겁니다.

목회 30여 년 동안 많은 사람이 교회를 떠나는 걸 보았습니다. 이유는 참 간단합니다. "내 맘에 들지 않는다!"입니다. 옳고 그름의 문제라기보다는 자기 생각과 다르다는 게 더 중요한 것 같습니다.

늘 마음에 맞는 교회에서 신앙생활을 해야 한다면, 함께 살아가는 가족이 늘 마음에 맞아야 한다면, 내가 살아가는 이 나라가 내게 늘 만족을 주어야만 한다면 그 가족, 교회, 나라에 끝까지 남을 사람이 몇이나 될까요. 허물이 보일 때 누구든 비난하거나 떠날 수 있겠지만 내 가족, 내 어머니, 내 조국, 내 교회이기에 우리는 허물을 보더라도 안고 기도해야 하지 않을까요?

신앙 여정 가운데서 당신이 어떤 일을 겪으며 지금에 이르렀는지 모르지만, 정말 중요한 동역의 원리가 당신 안에 있어서, 어렵고 힘들 때 힘이 되고 동역자가 되는 아름다운 관계를 만들어가면 좋겠습니다. 비난은 누구나 할 수 있지만, 사랑하고 감싸주는 건 동역자만 할 수 있는 일이니까요.

연합하는 아름다운 동역

영적 리더인 목회자를 위해 동역자가 되어 기도해야 하는 이유는 그가 바른 판단을 해야 하고, 당신의 삶이 승리하도록 하늘을 향해 기도의 팔을 들고 있어야 하는 사람이기 때문입니다.

그러나 "목사님의 판단과 결정이 제 생각과 같게 해주세요"라고 기도하지 말고, "목사님이 하나님 앞에서 신실하게 결정하도록 도와주세요. 그의 생각과 사역이 하나님의 뜻에 어긋나지 않도록 붙잡아주세요"라고 기도해주기를 바랍니다. 동역의 마음은 내 판단이 불완전하다는 것을 인정하고 주님과 동행하는 자만이 품을 수 있습니다

나이가 들어가면서 제 가장 큰 기도 제목은 고집이 생기지 않고 하나님의 뜻을 거스르지 않는 것, 그리고 목회하다 제 뜻이 꺾였을 때 '참 감사한 일이구나. 하나님이 나를 인도하시는구나'라고 고백하는

사람이 되는 겁니다. 그래서 끝까지 사역과 목회의 자리를 잘 지킬 수 있도록 도와달라고 기도합니다.

목회자라면 다 이런 마음이라고 믿습니다. 결국 기도란 '내 생각'이 꺾이는 것 아니겠습니까? 목회자는 교인들의 생각으로 움직이는 게 아니라 하나님의 생각으로 움직여야 하며, 하나님 앞에서 신실하게 음성을 들으려고 노력해야 합니다.

당신이 아론과 훌이 되어 목회자를 바라보기를 간곡히 부탁합니다. "왜 목사님의 팔이 내려와서 영적 전투에서 패배합니까?"라고 질책하기보다, 그 팔이 피곤하여 내려가려고 하는 것을 발견하는 사람이 되어주세요.

그리고 '저 팔이 내려오지 않게 내가 도와야겠다'라는 마음으로 함께 기도하고, 교회 공동체가 어떤 악한 공격에도 흔들리지 않도록 붙잡아달라고 중보하는 기도자가 되었으면 좋겠습니다.

출애굽기 17장에 등장하는 아론과 훌의 아름다운 모습은 둘이 동역자가 되었다는 것입니다. 만일 한 사람이 모세의 양팔을 다 들어주려고 했다면 얼마나 힘들었을까요. 아마도 모세보다 먼저 지쳤을지도 모릅니다. 그런데 한 사람은 오른쪽에서, 한 사람은 왼쪽에서 동역자가 되었습니다.

사실 한 팔씩 들어올렸어도 그들 역시 모세와 똑같이 팔이 아팠을 것입니다. 중보하고 돕는다는 건 결코 쉬운 일이 아닙니다. 그들은 관심을 갖고 바라보고, 안타까운 마음으로 그 자리를 함께 지키고,

자신들도 힘들지만 끝까지 함께하며 모세를 붙잡아주었습니다. 그것이 이스라엘 공동체를 승리로 이끌었습니다.

보라 형제가 연합하여 동거함이 어찌 그리 선하고 아름다운고 **시 133:1**

기가 막힌 말씀이지요. 많은 사람이 함께 거합니다. 그러나 그 동거함이 늘 선하고 아름다운 건 아닙니다. 이 선함과 아름다움은 "연합"할 때 나타나는 모습이지요. 기도의 능력은 합심할 때 나타납니다. 합심하는 기도는 사탄의 권세를 결박합니다.

서로에게 기도의 동역자가 되세요. 서로에게 기도의 의지가 되세요. 그 연합이 사탄의 진을 파하고, 하나님의 뜻을 만들어갑니다.

오늘, 당신에게 드리는 도전입니다. 당신은 목회자를 위해 최선을 다해 돕는 자입니까? 지금 함께 신앙생활을 하는 사람들에게 최선을 다하는 삶을 살고 있습니까? 한국 교회 곳곳에서 중보기도의 동역이 일어나고, 그 열매가 맺혀가기를 간절히 소원합니다.

서로의 짐을 지고
믿음의 진을 이루어라

로마서 15장 1,2절

믿음이 강한 우리는 마땅히 믿음이 약한 자의 약점을 담당하고 자기를 기쁘게 하지 아니할
것이라 우리 각 사람이 이웃을 기쁘게 하되 선을 이루고 덕을 세우도록 할지니라

누군가를 위해 기도하게 하실 때

이 땅에는 아무도 모르는 곳에서 누군가의 무거운 짐을 지고 기도하는 용사들이 있습니다. 때로 이것은 자신이 원해서 하는 일만은 아닌 것 같습니다. 때때로 하나님은 우리에게 내 의지가 아닌데 갑자기 누군가를 위해 기도해야 한다는 마음을 주시고, 기도하도록 강권하십니다. 만나교회 담임목사로서 하나님께서 제게도 그렇게 중보기도를 시키실 때가 많은데, 힘들 때도 있지만 아름다움을 만들어내는 참 중요한 일입니다.

저는 설교 전에 늘 '제가 준비한 이 말씀이 아니라 하나님께서 누군가를 위하여 주시는 그 말씀을 전하게 하여주소서'라는 기도를 드리고, 설교하면서도 제 마음에 떠오르는 교인들이 있으면 '이 설교가 그들에게 참 필요할 것 같습니다'라며 그들을 향한 주님의 은혜를 간구합니다.

아는 사람이 없는 곳에 초청받아 가서 설교해야 할 때면 '말씀은 준비했지만 여기 있는 사람들에게 어떤 말을 해야 하나요? 하나님께서 여기에 저를 보내신 이유가 누구 때문인가요? 그 누군가를 위해 쓰임 받기를 원합니다'라고 기도하곤 합니다. 그런데 그 기도가 그 '누군가'에게 역사했다는 사실을 알게 될 때가 종종 있습니다.

예전에 알래스카에서 한인 연합집회를 인도한 후에 한 권사님이 다가와 "왜 하나님이 목사님을 한국에서 이곳까지 보내셔서 말씀을 전하게 하셨는지 알 것 같아요. 이 말씀은 꼭 제 동생을 위한 말씀입니다"라고 하신 적이 있습니다.

그러니 하나님께서 우리 마음 가운데 중보기도에 부담을 주시거나 어떤 말씀을 전하게 하실 때는 분명히 그것을 통해 그분이 하실 일이 있다는 것을 믿으시길 바랍니다.

중보기도는 철저하게 하나님의 인도하심을 구하는 기도입니다. 중보기도를 할 때 우리는 '그'를 위한 하나님의 뜻이 하나님의 시간에 이루어지기를 기대하지만, 하나님이 언제 어떻게 역사하실지는 모릅니다. 다만 중보하는 우리 마음에 소망이 있다는 그 한 가지는 분명합니다. 하나님이 하시는 일인 것을 믿고 의지하는 기도이기 때문이죠.

사탄의 가장 큰 유혹은 돈도, 명예도, 성적(性的)인 것도 아닙니다. 좌절만큼 위험한 시험은 없습니다. 하나님을 의지하지 않고 의심하게 만들어 절망하게 하기 때문입니다.

그러나 누군가를 위해, 무언가를 위해 기도를 쉬지 않는 사람들에게는 소망이 있습니다. 전적으로 하나님을 신뢰하는 기도에는 인간이 경험하는 좌절의 순간들에 무릎 꿇지 않고 극복하게 하는 능력이 있기 때문입니다.

소망이 우리를 부끄럽게 하지 아니함은 우리에게 주신 성령으로 말미암아 하나님의 사랑이 우리 마음에 부은 바 됨이니 **롬 5:5**

고통 가운데 있는 로마의 교인들에게 사도 바울은 "소망이 우리를 부끄럽게 하지 않는 것은 하나님의 사랑이 우리 마음에 부은 바 되었기 때문"이라고 합니다. 그렇습니다. 하나님은 우리의 소망을 부끄럽지 않게 하십니다. 바로 이 믿음이 우리가 누군가를 위해 기도하는 것을 쉴 수 없게 해줍니다.

중보기도는 하나님을 믿고 그분의 사랑을 의지하며 기도하는 것이기 때문에 그 기도하는 순간 우리에게 소망이 있습니다. 기도가 '믿는 자의 특권'인 것은 기도하는 그 순간 우리에게 소망이 끊어지지 않았다는 것을 확증하는 것이기 때문입니다.

지금 당신이 절망하여 소망을 잃고 인생을 포기하고 싶어 한다면 그것은 하나님을 신뢰하지 않기 때문에 일어난 일이라는 것을 알아야 합니다. 또한 하나님께서 당신이 주변의 누군가 절망하는 사람을 바라보며 기도해야 한다는 마음의 부담을 느끼게 하셨다면, 그 부담은 소망으로 이끌어가고 있다는 것을 기억해야 합니다.

믿음이 강한 우리는 마땅히 믿음이 약한 자의 약점을 담당하고 자기를 기쁘게 하지 아니할 것이라 **롬 15:1**

이 말씀은 중보기도의 아주 중요한 기준을 알려줍니다. 어떤 면에서는 함께 기도하는 사람들의 질서를 잡아주는 듯합니다. 사람마다 영적 수준이 다르듯 기도의 수준도 다릅니다. 그러니 누군가를 위해 기도할 때는 기도하는 자를 기준으로 생각하지 말고 함께 기도하는 사람 혹은 기도 대상자를 배려하는 마음이 필요합니다.

마땅히 약점을 담당하고

"마땅히"는 영어성경(NIV)에 "ought to"(must)로 되어 있는데, 믿음이 강한 자는 '반드시' 약한 자의 약점을 위하여 기도해야 한다는 것입니다. 믿음이 강한 자가 믿음이 약한 자를 위해 기도하고, 그들의 약점을 담당하는 것은 '마땅한 의무'인데 이렇듯 마땅히 기도할 때 매우 아름다운 모습이 보입니다.

우리 교회의 새해 특별새벽기도회 때 기도회가 끝나면 사람들이 아침 식사를 하러 교회 부근의 식당들로 흩어지는데 우리 교회 청년들의 밥값을 그 식당에 있던 교회의 어른들이 내주고 갔다는 이야기가 곳곳에서 들려오곤 합니다.

청년들보다 여유 있는 어른들이 청년들을 위해 밥값을 내준다는 것은 단순히 돈의 문제에 관한 것만이 아닙니다. 살아가면서 다른 사람의 약함을 보았을 때 그 약함을 담당하는 것은 공동체의 정말 아름다운 모습이지요.

스캇 솔즈 목사는 《세상이 기다리는 기독교》(두란노)라는 책에서 조금 더 적극적으로 "가난한 이웃은 하나님이 보내신 최고의 선물"이라고 말했습니다. 내 주변에 약한 자를 주신 것은 하나님께서 최고의 선물을 주신 거라는 이 말은 중보기도를 생각하는 데 있어서 중요한 포인트가 됩니다.

믿음이 강한 자가 약한 자를 위해

"한 사람이면 패하겠거니와 두 사람이면 맞설 수 있나니 세 겹 줄은 쉽게 끊어지지 아니하느니라"(전 4:12)라는 말씀처럼, 연합해 기도하는 것은 혼자 하는 기도보다 능력이 있어서 많은 교회에서 중보기도자들이 '합심기도회' 등의 이름으로 함께 모여 기도합니다.

그런데 그런 기도 모임 안에서 종종 불협화음이 나기도 하고, 분쟁과 싸움과 미움도 생깁니다. 기도하는 사람들이 모이면 분위기가 참 좋을 것 같은데 '영적 교만'이 틈을 타면 상처를 받기도 합니다. 이것은 올바른 기도의 모습이 아닙니다. '기도'가 아니라 '기도하는 사람'이 문제입니다.

사도 바울은 특별히 '강한 자'가 '약한 자'의 약점을 담당하라고 합니다. 믿음이 강한 자와 약한 자를 가르는 기준은 무엇일까요? 객관적으로 어떤 정량적 평가를 할 수는 없지만, 우리 눈에 믿음이 약하다고 보이는 사람이 있습니다. 당신도 누군가를 바라보면서 '그래도 내가 오래 믿었고 내 믿음이 조금은 더 강한 편이지'라고 생각한 적이 있지 않나요?

중보기도는 그렇게 믿음이 강한 자가 믿음이 약한 자의 약점을 담당하고 기도하는 것입니다. 약한 자를 위하여 기도할 때, 이것이 분명히 힘이 있습니다. 믿음이 강한 자는 마땅히 연약한 자의 짐을 감당하는 것이지, 자기가 믿음이 강하다는 영적 교만으로 다른 사람을 비난하거나 훈계하거나 상처를 주면 안 됩니다.

목회를 하면서 제가 가장 가슴 아픈 건 신앙의 연조도 오래됐고 믿음이 있다는 사람이 믿음이 약한 사람에게 상처를 주는 일입니다. 당신의 믿음이 그게 뭐냐고, 신앙생활이 그게 뭐냐고, 너무 쉽게 누군가를 질책하며 상처 주는 일만큼 마음 아픈 일이 없습니다.

중보기도가 어려운 이유

이 책에서 저는 하나님의 마음을 계속 이야기하는데, 이것은 '쉬운' 신앙의 길이 아니라 '올바른' 신앙의 길을 알려드리는 것입니다. 중보기도도 그렇습니다. 중보기도는 어렵고 힘든 거예요.

현실적으로, 누군가를 위해 기도하는데 '저 사람은 내 수준과 안

맞아'라는 불협화음이 날 때가 있습니다. 그 이유를 살펴보며 어떻게 믿음의 화음을 내고 아름다운 소리를 만들어갈지 생각해봅시다.

이기심 때문이다

중보기도가 꼭 필요하고 중요하다는 건 알지만 하기 쉽지 않은 이유는 본래 인간이 이기적이고 다른 사람에게 무관심한 존재이기 때문입니다. '이기심'이야말로 현대인을 가장 잘 설명하는 말 같습니다.

디모데후서 3장 1,2절에 "너는 이것을 알라 말세에 고통하는 때가 이르러 사람들이 자기를 사랑하며…"라고 했는데 정말 놀라운 예언 아닙니까? 오늘날 우리가 당하는 많은 고통의 문제가 바로 자기중심적인 이기심 때문입니다. 다른 사람을 위해 자신을 희생한다거나 양보하는 일이 얼마나 어려운지요. 조금만 생각해봐도, 우리가 참 이기적인 존재임을 깨닫습니다.

많은 부모가 자녀에게 "공부해라, 공부해라" 하면서 "공부해서 남 주냐?"라고 말합니다. 공부 잘해서 내가 잘 먹고 잘살아야 한다는 뜻 아니겠습니까. 신앙적으로 자녀를 바르게 양육한다면 "공부해서 남 줘야 한다. 너는 남에게 유익한 삶을 살아야 한다"라고 가르쳐야 하지 않을까요.

낚시꾼이 제일 기분 좋을 때는 내가 월척을 잡았을 때가 아니라 옆 사람이 월척을 잡았다가 놓쳤을 때랍니다. 명절에 귀향길이나 귀경길에 시원하게 뚫린 고속도로를 달리면 누구나 기분이 좋은데, 반대편

차선이 꽉 막힌 걸 보면 자기가 빨리 달리는 것에 더 기분이 좋아진다고 합니다.

우리 안에 이런 이기적인 마음이 있음을 부인하기 어렵습니다. 남이 잘되는 건 보기 힘들어하고, 나 잘되는 것보다 남 안되는 게 더 기분 좋은 것은 인간의 본성입니다.

그런 이기적인 사람이 그 이기심을 뛰어넘어 누군가를 위해 기도하고, 잘되기를 바라는 기도를 하기는 절대 쉽지 않습니다. 그래서 누군가를 위해 기도한다는 건 하나님 아버지의 마음을 품은 자들에게 주어지는 '특권'이라는 생각이 듭니다.

낮아져야 하기 때문이다

기독교는 하강의 종교입니다. 기독교 신앙은 내가 얼마나 잘났고 얼마나 성공했는가를 자랑하는 게 아니라 예수님을 믿음으로 인하여 내가 얼마나 낮아졌는가를 자랑할 수 있는 것입니다. 그것이 우리 믿음의 진리지만 다른 사람에게까지 낮아진다는 것은 때로 참 어려운 일입니다.

히브리서 기자는 "우리에게 있는 대제사장은 우리의 연약함을 동정하지 못하실 이가 아니요"(히 4:15)라고 했습니다. "우리에게 있는 대제사장"이신 예수님은 우리의 아픔을 아시기 때문에 죽기까지 낮아지셔서 종의 몸을 입고 우리에게 오셨습니다. 우리가 믿는 하나님, 우리에게 다가오신 예수님은 강한 자, 많이 가진 자, 잘생긴 사람, 많은 재능을 가진 자를 기준으로 하지 않으셨습니다.

주님이 그러셨듯, 우리도 강한 자가 약한 자의 약점을 담당하는 것이 마땅합니다. 믿음이 강한 자는 믿음이 없어 스스로 설 수 없는 누군가를 위하여 기도해야 합니다. 믿음이 강한 자가 약한 자에게로 내려가서 그 사람에게 맞춰주어야 합니다. 그의 말이나 행동이 조금 유치해 보이더라도, 그 연약한 사람을 배려하는 마음을 가져야 합니다.

남의 짐을 져야 하기 때문이다

누군가의 짐을 진다는 것은 버거운 것입니다. 내 짐 위에 남의 짐을 더 얹는 것이 왜 힘들지 않겠습니까?

로마에 있는 교회에 편지(로마서)를 쓸 때, 사도 바울은 그들 가운데 어려움을 당하는 사람, 그래서 그 짐을 같이 짊어져 줘야 할 사람이 있다는 것을 보았습니다. 초대 교회에도 함께 신앙생활을 하는 공동체에 짐이 되는 사람들이 있었던 모양입니다. 그런데 갈라디아서에 아주 흥미로운 말씀이 나옵니다.

너희가 짐을 서로 지라 그리하여 그리스도의 법을 성취하라 **갈 6:2**

신앙의 공동체가 그리스도의 법을 성취하는 방법을 사도 바울은 '서로의 짐을 지는 것'으로 봤습니다. 누군가가 일방적으로 짐을 져주는 것이 아니라, 서로가 서로의 짐을 지는 것입니다.

〈개미와 베짱이〉라는 이솝 우화를 잘 아시죠? 여름 내내 개미는 열심히 땀 흘리며 일해서 겨울에 먹을 양식을 쌓아놓고, 베짱이는 기타 치고 노래만 부르다가 겨울이 되어서 먹을 게 없어 구걸하러 다녔다는 이야기입니다. 그런데 다른 버전이 있어요.

원래 개미가 그렇게 부지런한 곤충이 아닌데 여름에 베짱이가 기타 치고 노래를 불러주니까 그 노래를 힘입어 열심히 일해서 양식을 많이 모은 거라고 합니다. 그러니 겨울에 베짱이가 먹을 게 없을 때는 마땅히 개미가 양식을 나눠주어야 한다는 것이죠. 서로가 서로에게 도움이 되는 존재라는 이 새로운 버전, 어떤가요?

서로의 짐을 지는 것은 그리스도의 법을 이루는 길입니다. 사랑의 법, 생명의 법을 이루는 것입니다. 사실 우리는 누군가를 위해 기도하는 것을 짐을 지는 것으로 생각해 부담스러워합니다. 그러나 주님의 마음을 가지고 짐을 질 때 결코 손해 보는 삶을 살지 않습니다. 살아가면서 우리에게 일어나는 일들은 절대로 일방적이지 않아요. 어떻게 이 짐을 기쁨으로 질 수 있을까요?

우리는 '내가 누군가를 위해 기도하고 있다'라고 생각하지만, 사실은 중보기도를 하면서 그 중보기도자의 믿음이 자랍니다. 그리고 누군가를 위해 기도하며 그의 짐을 담당해줄 때, 하나님께서 중보기도자의 짐을 담당해주시는 놀라운 은혜를 경험하게 됩니다.

예수 그리스도의 심장으로

내가 예수 그리스도의 심장으로 너희 무리를 얼마나 사모하는지 하나님 이 내 증인이시니라 **빌 1:8**

사도 바울이 빌립보의 교인들에게 보낸 편지입니다. 저는 사도 바울의 편지 중에서 가장 아름다운 표현이 이 "그리스도의 심장으로"라는 말인 것 같습니다. 자기가 그리스도의 심장으로 빌립보 교인들을 어떻게 사모하는지 하나님이 증인이시라는 이 구절에서 그의 마음이 느껴지지 않나요?

바울은 자신의 양, 즉 자신이 사역하는 사람들을 늘 예수님의 마음으로, 그리스도의 심장으로 바라보았습니다. 그 마음이 얼마나 무거웠을까요? 옥중에 있으면서도 안심이 되지 않아 편지를 많이 썼던 것은 바로 그런 마음 때문이 아니었을까요?

저는 20대 중후반에 은혜를 체험한 후 목회를 결심하고 미국으로 유학을 갔습니다. 그런데 공부하다 보니, 제가 소명을 받기는 했지만 목회를 할 수 있을 것 같지는 않았습니다. 제 성품이 목회자로서 부족하다고 생각되었기 때문입니다. 저는 공감 능력이 떨어지는 편이고 눈물 흘리는 사람을 잘 이해하지 못했는데, 이렇게 차가운 성격으로 어떻게 목회를 할 수 있을지 고민이었습니다.

당시 외숙부께서 시카고에서 꽤 규모가 큰 한인 교회를 담임하고 계셨는데 한 6개월 동안 그 교회에 출석하면서 성가대원으로 섬긴 적이 있습니다. 그런데 그 6개월 동안 목사님이 설교 중에 강단에서 2번을 우셨습니다. 사업에 실패한 교인의 이야기를 하다가, 그리고 교통사고를 당한 교인의 이야기를 나누다가…. 그때 제 마음에 소원이 생겼습니다.

'하나님, 저에게 저 마음을 주세요. 교인들의 아픔을 이해할 수 있는 저 마음을 주세요. 그 마음이 없이는 저는 목회를 못 하겠습니다. 하나님, 그 마음을 저에게 주세요.'

놀랍게도 하나님께서 그 마음을 저에게 주셨어요. 제가 설교하면서 참 잘 우는데 본래 저는 그런 사람이 아니에요. 하나님이 성도들을 바라볼 수 있는 그 마음을 주신 것입니다.

사실 그 아픔을 알고, 내가 느낀다는 것이 제게는 매우 힘들고 무거운 짐이기도 합니다. 아프고 힘든 교인들을 심방하고 오면 그들의 아픔과 어려움이 제 마음에 쌓이고 쌓여 저도 함께 아프고 공황장애 증상까지 오기도 합니다.

그러나 이것이 사역자의 마음이라 생각합니다. 그게 제 십자가고, 목회자로서 살아가는 제 사명인 것 같습니다. 그리고 그 마음이 필요하다는 생각이 듭니다. 목회 초년병시절 자주 흥얼거리던 찬양의 가사처럼, 마음이 어둡고 괴로울 때면 예수님을 생각하고 예수님처럼 기도하기를 원하며 이 길을 계속 가려고 합니다.

중보기도가 그렇습니다. 참 아름답고 좋은 것이기는 한데 그 짐을

지는 것, 기도하는 것이 결코 쉬운 일은 아닙니다. 그러나 그리스도의 법을 성취하는 일이기 때문에, 서로의 짐을 지기 시작할 때 아름다운 그리스도의 법을 성취할 수 있음을 믿기 때문에, 마땅히 우리가 짐을 지고 가는 것입니다.

이렇게 기도하십시오!

우리 각 사람이 이웃을 기쁘게 하되 선을 이루고 덕을 세우도록 할지니라 **롬 15:2**

"우리 각 사람이 이웃을 기쁘게 하되"라고 했는데 이 기쁨이 불의한 기쁨이 되어서는 안 됩니다. 혹시라도, 짐을 지는 것으로 인하여 그리스도의 거룩함을 해치는 일이 되어서는 안 됩니다. 이 부분이 중요한 기준이 되는 부분이며, 우리가 아주 심각하게 묵상하며 기도해야 하는 내용입니다.

이 구절은 "선을 이루고"(for their good, NIV) "덕을 세우도록"(build them up in the Lord, NLT) 하라는 이 두 가지를 이야기합니다.

선을 이루라

첫째, "for their good"이라는 말에 주목해야 합니다. 중보기도는 나에게 이로운 게 아니라 내가 기도하는 그 사람(들)에게 선이 되고 좋은 것을 행하는 것입니다. 중보기도의 원리는 오직 '그 사람을 위하여' 기쁘게 하는 것으로, 나에게 돌아올 어떤 이득을 바라는 것이 아니라 온전히 그 사람을 위한 것이 되어야 합니다.

신앙생활을 하고 봉사하다가 스스로 실족하고 상처받는 것은 세상의 원리인 '기브 앤 테이크'(give-and-take)를 생각하기 때문입니다.

심리학자 데니스 레건(Dennis Regan) 교수가 이런 실험을 했습니다. 미술 감상 평가 실험자를 모집한 다음, 평가 전에 A그룹에는 콜라를 주고 B그룹에는 주지 않았습니다. 그런 후 그들에게 복권을 판매하자, A그룹에서의 판매율이 콜라를 받지 않은 B그룹에 비해 2배 이상 높게 나타났습니다. 호의를 받은 사람들에게는 보답하려는 마음이 생긴다는 '호혜성의 원리' 실험입니다.

노인들을 대상으로 하는 장사꾼들이 바로 이 원리를 이용합니다. 노인들에게 아주 친절하게 대하고 작은 호의를 공짜로 계속 베풀고는 물건을 소개하지요. 그들은 "안 사셔도 됩니다"라고 말하지만, 노인들은 받은 친절 때문에 거절하지 못하고 친절보다 더 큰 손해를 감수하며 물건을 구매하게 됩니다.

세상에서는 돈을 벌려면 누군가에게 잘해서 마음을 얻으라고 말합니다. 이것을 아주 교묘하게 이용해, 작은 호의를 베풀며 사람을 속이고 이익을 취하기도 합니다.

그래서 세상에 공짜는 없다고 하지요. 누군가 내게 호의를 베풀면 뭔가 바라는 것이 있다는 것입니다. '내가 이만큼 했으니 이만큼 받을 권리가 있어'가 인간의 본성이고 세상의 논리지만, 중보기도는 그런 기도가 아닙니다.

누군가를 위해서 기도하고 나서 기도한 만큼의 어떤 대가를 기대한다면 그 기도자가 상처를 받거나 다른 어떤 문제가 생길 수 있습니다. 누군가를 위해 기도했으면 그것으로 끝입니다. 그 사람을 통하여 나에게 돌아올 그 어떤 것도 생각하지 말고, 중보기도가 내 마음속에서 '보상심리'로서 작용하는 것을 경계해야 합니다.

중보기도가 위대한 것은 아버지의 마음, 하나님의 마음이 그 속에 있기 때문입니다. 이렇듯 이기적인 본성을 뛰어넘는 기도이기 때문에 그리스도의 아름다운 법을 성취할 수 있는 것이죠. 이렇게 기도하는 공동체를 볼 때 세상 사람들도 '예수를 믿는 것이 저런 거구나! 나도 믿음을 가져야겠다'라고 생각하게 될 것입니다.

덕을 세우라

둘째, 덕을 세우는 것인데, 누군가를 위해서 기도하고 세워줄 때 중요한 전제 조건은 '주 안에서'(in the Lord)입니다. 그 기도의 내용이 주님께서 인정하시고 그분이 원하시는 기도인지, 그리고 주님 안에서 기도하는 것인지를 분명히 해야 합니다.

'나는 열심히 중보기도 한다'라고 생각하는데 실은 사명과 책임을 피해 가는 기도를 할 수도 있습니다. 하나님은 과연 그 기도가 주님

안에서 세움을 받는 기도냐고 우리에게 물으십니다. 그러니 어렵더라도, 내가 원하는 것들이 'in the Lord', 주 안에서 올바른 것인지를 생각해보아야 합니다.

예를 들어, 자기 잘못으로 많은 빚을 지고 경제적인 어려움을 당하고 있는 사람을 위해 기도한다고 해봅시다. 그 사람에게 진정 필요한 것이 부채를 탕감해주는 누군가의 손길인지, 그가 어려운 시기를 인내하면서 이겨내는 것인지를 생각하고 기도하는 게 필요합니다.

당신의 가치로 세워지는 것이 아니라 주님 안에서 주님이 원하시는 모습으로 세워지는 그 사람의 모습을 그려보세요.

주 안에서 옳은 일을 생각한다면, 즉 지금 주 안에서 이것이 옳은 건지 그른 건지를 생각하며 기도한다면, 우리는 하나님 앞에서 용기 있게 올바른 삶을 살아갈 수 있을 것입니다. 주 안에서 기도할 때 그 기도의 내용은 어떻게 달라지며 기도가 어떻게 담대해질 수 있을지 기대됩니다.

덕을 세우는 자녀 기도

10여 년 전에 가평 수송교육연대에서 예배드리고 설교하러 우리 교회 청년들과 함께 간 적이 있는데 아들을 군에 보낸 부모님들 몇 분과 그 부대로 아들이 배치를 받은 한 권사님도 동행했습니다. 아들이 군 생활을 하게 될 부대가 얼마나 궁금하겠으며, 군 생활을 무사히 마치기를 바라는 부모의 마음이 얼마나 조마조마하겠습니까?

이러한 상황 가운데 신앙을 가진 부모가 '주 안에서' 하는 기도, '덕'을 세우는 기도란 어떤 기도일까요? 대한민국의 모든 남자가 가야 하는 군대를 어떻게 해서든지 빼달라거나, 군대를 가더라도 가장 편한 곳으로 보내달라고 기도하는 것이 옳을까요? 그때 저는 그분들에게 이렇게 말씀드렸습니다.

"여러분, 군 생활을 하는 아들을 위해서 많이 기도하고 계시지요? 그런데 아들을 위하여 기도할 때 '우리 아들이 좋은 곳에 배치받을 수 있도록' 그렇게 기도하지 마세요."

자녀를 위해 기도할 때 그가 좋은 곳에 가고 그에게 좋은 일이 이루어지기를 원하는 것이 우리의 본성입니다. 그런데 제가 왜 그런 어려운 말씀을 드렸을까요?

내 아들이 편안한 곳으로 나와서, 힘든 그 자리에 다른 누군가의 아들이 대신 들어가야 한다면 '주 안'에서 덕을 세우는 당당한 기도라고 할 수 있겠습니까?

그래서 그분들에게 "우리 아들이 어느 부대에 가고 어떤 보직에 임하든 믿음 안에서 잘 견디며 그곳에서 훈련받게 하시고, 하나님의 손이 떠나지 않는 아들이 되도록 기도하세요"라고 당부했습니다. 그 아들에게 '어디에 가는가'보다 '주 안에서 세워지는가'가 정말 중요하니까요!

입대한 아들들뿐이겠습니까? 자녀들을 위한 중보기도의 내용도 바뀌어야 한다고 믿습니다. 많은 부모가 자녀의 학업, 입시, 직업 등을 위해 기도합니다. 대학도 직장도 선발 인원은 정해져 있는데 기도하는 부모가 그 정원보다 많으면 하나님께서 어떤 기준으로 기도를 들어주셔야 할까요? 부모의 노력, 기도의 양에 달렸을까요? 그 양을 어떻게 측정할 수 있나요?

부모들이 하나님의 인도하심을 신뢰하며, 그 자녀들이 하나님 앞에서 가장 적절한 곳에 쓰임 받도록 기도하길 바랍니다. 무조건 좋은 곳에 보내 잘되게 해달라고만 할 것이 아니라 이렇게 기도했으면 좋겠습니다.

"이 아이가 서울대에 필요하다면 꼭 보내주세요. 그러나 실패의 아픔을 맛보아야 한다면 잘 감당할 수 있는 사람이 되게 해주세요."

"실력이 부족한 이 아이가 하나님의 은혜로 주님의 손길을 깨달을 수 있다면 은혜를 허락해주세요. 그러나 노력하지 않고 은혜로만 살아가는 사람이 되지 않도록, 실패와 좌절을 통해 깨닫는 게 필요하다면 그렇게 인도해주세요."

무엇보다, 자녀가 그리스도 안에서 세움을 받게 해달라고 기도했으면 좋겠습니다.

영적 전쟁과 기도의 전신 갑주

중보기도의 짐을 지는 것이 어려운 것은 이것이 영적 전쟁이기 때문입니다. 기도의 능력을 잘 아는 사탄은 우리가 기도하는 것을 늘 방해하고, 기도 습관을 갖는 것도 어떻게든 막으려 할 것입니다.

사실 우리가 아무리 중보기도를 하고 온갖 기도를 다 해도 사탄이 우리를 공격하는 것만큼은 절대로 못 막습니다. 그건 사탄의 사명이기 때문입니다.

그렇다면 우리는 무엇을 할 수 있나요? 중보기도로 그 공격을 소멸할 수 있습니다. 중보기도의 능력은 공격을 받지 않는 게 아니라, 공격을 받았을 때 그것을 소멸하는 데 있습니다.

사도 바울은 에베소에 보내는 편지에서 영적 싸움에 관해 이렇게 권면합니다.

> 마귀의 간계를 능히 대적하기 위하여 하나님의 전신 갑주를 입으라 … 모든 것 위에 믿음의 방패를 가지고 이로써 능히 악한 자의 모든 불화살을 소멸하고 엡 6:11,16

이 말씀을 쓸 때 그의 머릿속에는 당시 로마 군인들이 전쟁할 때 입었던 갑옷과 무기들, 그리고 전쟁 장면들이 그려지고 있었습니다.

마귀의 간계를 대적하기 위하여 전신 갑주를 입으라는 말은 우리에게 늘 마귀의 간계가 있다는 사실을 전제로 합니다. 그러므로 구원의 투구, 믿음의 방패, 의의 호심경 등 전신 갑주를 입지 않으면 절대 이길 수 없습니다.

바울은 하나님의 자녀를 호시탐탐 노리는 사탄의 공격을 "불화살"이라고 표현했습니다. 사탄은 오늘도 질병, 경제적인 어려움, 가정의 위기, 자녀 문제, 미움과 분노 등 온갖 종류의 불화살로 우리를 공격합니다.

이 공격을 받으면 영적 침체의 길로 들어서고, 불화살이 제대로 꽂히면 모든 것이 불타서 잿더미가 됩니다. 이에 대해 바울은 "믿음의 방패"로 모든 불화살을 소멸하라고 합니다.

당시 로마군의 전쟁 방식을 상상해봅시다. 당시 로마 군인들의 방패는 길이가 1미터 20센티미터 정도로 매우 컸고, 표면에는 가죽을 씌워서 전쟁에 나갈 때는 그 가죽에 물을 먹입니다. 방패를 든 군사들은 개별적으로 행동하지 않고 한데 모여 자신들의 방패로 진을 이룹니다.

당시에 가장 무서운 공격은 불화살 공격입니다. 〈글래디에이터〉나 〈300〉 같은 영화를 보면, 화살 끝에 불을 붙인 불화살을 비처럼 하늘이 덮이도록 새카맣게 쏘아댑니다. 그 화살을 맞아 불이 붙으면 죽는데, 방패에 물을 먹여두면 화살이 꽂혔을 때 '치익' 하고 불이 꺼져버립니다.

사도 바울이 그것을 생각하며 믿음의 방패를 들고 이야기한 것입니다. 그렇습니다. 우리에게 가장 강력한 무기가 있으니, 하나님 앞에 무릎을 꿇고 '믿음의 방패'를 드는 것입니다.

주님의 그림자가 기도하는 사람을 덮고 있는 곳에는 사탄의 권세가 미치지 못합니다. 그래서 저는 중보기도를 '불화살을 소멸하는 믿음의 방패'와 같다고 말하고 싶습니다.

믿음의 방패로 공동체를 지켜라

믿음이 있든 없든 모두에게 사탄의 시험은 있습니다. 문제는 믿음의 방패를 가졌느냐는 것입니다. 당신을 향한 모든 시험에 대하여 "믿음의 방패!"를 외치십시오.

그리고 방패를 가진 이들과 모여 진을 이루십시오. 화살이 들어올 빈틈을 주지 말고 물 샐 틈 없이 진을 짜야 합니다. 소멸되지 않은 불화살이 틈새로 떨어지면 불이 타들어 옵니다. 내가 믿음의 방패를 가졌어도 내 가족 혹은 사랑하는 사람이 화살을 맞으면 내게로 불이 번져옵니다. 그러니 동역하며 기도해야 합니다.

앞 장과 연결해서 이런 상상을 해보세요. 사탄이 당신과 당신의 교회를 흔들기 위해 담임목사를 공격할 때 당신과 교인들이 함께 믿음의 방패를 들고 진을 짜는 모습을 말입니다. 그때 사탄의 불화살이 그 방패에 맞으면 '치익' 하고 꺼지고 교회는 승리하는 거예요.

또한 당신이 속한 믿음의 공동체에서 누군가 시험이나 어려움을 당할 때 공동체 식구들이 그들을 위해 중보기도의 방패를 다 들어주고, 거기에 꽂힌 불화살들이 모두 소멸되는 모습도 상상해보세요.

우리는 그렇게 믿음이 강한 자가 믿음이 약한 자의 약점을 마땅히 감당하는 중보기도로써 우리의 공동체를 만들어가는 것입니다. 그리고 그 중보기도가 또한 나도 지켜줍니다.

성도들이 상처를 받는 일이 참 많습니다. 사탄의 궤계나 잘못된 기대 때문일 때도 있지만, 왜 그러는지 참 안타깝게도 신앙인 중에도 누군가의 마음을 아프게 하고 상처를 주는 사람이 참 많습니다.

참 좋은 팁을 하나 알려드릴게요. 누군가 당신의 마음을 아프게 하고 상처를 입힐 때, 이제 더는 그 상처를 받지 마세요. 그때 믿음의 방패를 딱 드세요. 이것을 말로 하면 상대방이 사탄이 되는 셈이라 오히려 상처를 받을지도 모르니 믿음의 방패를 '속으로' 드세요. 그러면 그 불화살이 소멸됩니다.

사탄은 절대로 하나님의 자녀를 죽일 수 없지만, 상처받은 사람에게 더 상처를 줘서 하나님의 자녀를 죽이는 사람이 있습니다. 그리스도인 중에도 있을지 모릅니다.

그러니 이것을 꼭 기억했으면 좋겠습니다. 믿음이 강한 자는 믿음이 약한 자의 약점을 감당하기 위해 자기가 약한 자가 되어주는 것입니다. 그래서 그 약한 사람의 짐을 능히 져주고, 비난하는 대신 믿음의 방패를 들고 진을 짜는 것입니다.

신앙생활을 하는 동안 가정과 교회를 비롯해 당신이 속한 공동체 곳곳에 당신의 눈물과 기도의 흔적이 뿌려지기 시작할 때, 그렇게 당신의 삶이 믿음의 방패를 들어올릴 때 그 모든 공동체에 방패의 진이 구축되리라 믿습니다.

마지막으로 한 번만 더 상상해볼까요? 그런 방패의 진으로 교회가 아이언 돔 같은 보호막을 친 모습을요. 사탄이 보니까 이 교회는 믿음의 방패로 둘러싸이고 사람들이 다 그 방패의 진 아래 싹 감춰져 있어요. 그리고 '치익' 하면서 불화살이 다 소멸되는 소리가 들리는 거예요.

우리 한국 교회 곳곳에 이런 기도의 공동체가 만들어진다면 오늘 또 누군가가 힘을 얻고 믿음으로 나아가지 않겠습니까?

9
Chapter

내 말을 들으려는
마음부터 시작하렴

디모데후서 3장 16,17절

모든 성경은 하나님의 감동으로 된 것으로 교훈과 책망과 바르게 함과 의로 교육하기에 유익하니 이는 하나님의 사람으로 온전하게 하며 모든 선한 일을 행할 능력을 갖추게 하려 함이라

묵상, 하나님의 마음을 아는 가장 좋은 방법

어떤 목사님은 가장 은혜스럽지 못한 교회의 특징으로 '예배와 기도보다는 회의가 길다'를 꼽았습니다. 양심에 손을 얹고 제 모습과 우리 교회에서 행해지는 모습을 돌아보니 잠깐 기도하고는 긴 회의로 들어갈 때가 얼마나 많은지 모릅니다.

교회 안에서 만들어지는 모임을 시작하면서 기도하는데, 솔직히 그 기도하는 이유가 빨리 기도하고서 예정된 회의나 모임을 하기 위해서입니까, 아니면 이 회의나 모임 가운데 하나님의 뜻이 무엇인지를 분별하기 위해서입니까?

교회에서 행해지는 모든 회의가 "하나님의 뜻을 따라 어떻게 해야 하는지"를 물어야 하는데도 우리는 하나님의 뜻을 묻기보다는 '형식적인 예배와 기도'를 마치고 우리의 생각을 나누는 회의로 들어갈 때가 많은 것이 사실입니다. 뭔가 잘못되어 가고 있는 것입니다.

인생에서 누군가의 마음을 헤아리고 그의 마음을 아는 것은 정말 중요합니다. 마음을 이해하지 못하면 세상을 살아가면서 어떤 관계도 쉽게 맺어갈 수가 없습니다.

왜 하나님의 말씀을 들어야 할까요? 하나님의 마음을 알기 위해서입니다. 그런데 '하나님의 마음을 아는 것' 그 자체가 목적은 아닙니다. 그분의 마음을 알면 어떻게 살아야 하는지를 깨닫고 행할 수 있기에 알려고 하는 것입니다.

교회의 사명도 그렇습니다. '사명'에서 빗나가지 않기 위해서는 끊임없이 하나님의 마음을 붙들어야 합니다. 아무리 계획을 세우고 열심히 헌신해도, 하나님의 말씀에 순종하지 않는 것은 하나님과 관계없는 일이기 때문입니다.

하나님을 믿고 신앙생활을 해나가는 우리 모두에게 하나님의 마음을 알고 싶다는 꿈이 있는데 이러한 꿈은 허황한 것이 아니고, 이것을 가능케 하는 방법이 있습니다. 하나님의 마음을 알아가는 가장 좋은 방법은 하나님 말씀을 묵상하는 것입니다.

교회나 선교 단체에서 묵상 훈련을 할 때 '하나님의 말씀을 이해하는 다섯 가지 방법'을 다음과 같이 이야기합니다.

1. **듣기(Hear)** 그러므로 믿음은 들음에서 나며 들음은 그리스도의 말씀으로 말미암았느니라 **롬** 10:17

2. **읽기(Read)** 이 예언의 말씀을 읽는 자와 듣는 자와 그 가운데에 기록한 것을 지키는 자는 복이 있나니 때가 가까움이라 **계** 1:3

3. **연구(Study)** 베뢰아에 있는 사람들은 데살로니가에 있는 사람들보다 더 너그러워서 간절한 마음으로 말씀을 받고 이것이 그러한가 하여 날마다 성경을 상고하므로 **행 17:11**

4. **암송(Memorize)** 내가 주께 범죄하지 아니하려 하여 주의 말씀을 내 마음에 두었나이다 **시 119:11**

5. **묵상(Meditate)** 복 있는 사람은 … 오직 여호와의 율법을 즐거워하여 그의 율법을 주야로 묵상하는도다 그는 시냇가에 심은 나무가 철을 따라 열매를 맺으며 그 잎사귀가 마르지 아니함 같으니 그가 하는 모든 일이 다 형통하리로다 **시 1:1-3**

이것을 성경을 드는 손가락에 비유합니다. 두꺼운 성경을 한 손가락으로 잡을 수 없고, 적어도 두 손가락은 사용해야 잡을 수 있지만 그 정도로는 위태롭게 흔들릴 것입니다. 그러나 다섯 손가락을 모두 사용한다면 안정적으로 잡을 수 있겠지요. 그래서 좀 더 쉽고 명확하게 하나님의 말씀을 이해하고 듣기 위해서는 이 다섯 가지의 과정이 다 필요합니다.

하나님의 마음은 성경 속에 있고, 성경 속에 있는 그분의 마음을 아는 것은 '묵상'이라는 훈련과 과정을 통해 가능합니다. 이 장에서는 묵상의 유익에 관해 이야기하면서, 우리의 삶에 어떻게 적용할지를 나누어볼 것입니다.

내가 아닌 주님이 원하시는 방식으로

지난 36년간 목회를 해오면서, 사람들이 참 쉽게 변하지 않는다는 것을 깨달을 때마다 막막함을 느끼곤 했습니다. 오랫동안 신앙생활 하는데 삶이 변하지 않고, 하나님의 말씀을 그렇게 많이 들어도 행함이 없고, 그렇게 예배를 많이 드리는데 예배자의 삶을 살지 못하는 것이 제게는 어떤 절망감처럼 느껴지는 것이었어요.

그런데 우리의 신앙생활이 '일방적'이라는 문제점을 깨달았습니다. 예배를 드리기는 하지만 하나님의 음성을 들을 준비가 되지 않았고, 말씀을 묵상하지만 하나님의 마음을 헤아리려고 하지 않는다는 것입니다.

우리가 신앙의 이름으로, 믿음으로 살아간다고 하면서도 하나님의 마음이, 하나님의 뜻이 들리지 않는 어려움을 느끼는데, 정작 문제는 하나님의 음성이 없는 것이 아니라 하나님의 음성을 우리가 들으려고 하지 않는다는 거예요.

우리는 우리가 원하는 방식으로 듣기를 원하지만 하나님은 그분이 원하시는 방법으로 말씀하십니다. 성경 말씀을 공부하고 예배를 드린다고 해도, 하나님이 우리에게 말씀하시는 방식으로 듣지 않고 일방적으로 살아간다면 결코 그분의 마음을 알 수 없을 것입니다.

하나님의 마음을 헤아리지 않는 묵상과 하나님의 말씀을 들으려고 하지 않는 신앙의 태도로는 절대로 말씀으로 변화된 삶을 살 수 없습니다.

그렇다면 하나님이 원하시는 방식으로 이 말씀을 듣기 위하여, 이 것을 삶에서 어떻게 훈련할 수 있을까요? 우리 삶의 한가운데서 말씀을 기다리고 삶에 말씀을 적용하는 묵상입니다.

앞서, 묵상의 목적이 '묵상' 자체에 있지 않다고 했습니다. 묵상의 진정한 목적은 하나님의 말씀이 우리 삶에서 현실화되고 그로 인해 역사가 일어나기 위해서라는 것을 분명히 알아야 합니다. 묵상에는 하나님의 마음을 알게 하고, 그 뜻대로 우리 삶과 교회가 쓰임 받게 하는 유익이 있습니다.

지난 코로나 기간에 저는 하나님이 우리 교회에 주신 큰 축복을 경험했습니다. 비대면으로 예배를 드려야 하던 때, 유튜브 영상을 만들어서 매일 아침 온 교인들과 함께 묵상하는 삶을 살았습니다.

첫해에는 오스왈드 챔버스의 《주님은 나의 최고봉》을 하나하나 해설하며 묵상했고, 다음 해에는 성경 전체를 함께 통독하고 쓰며 말씀에 집중했고, 3년째에는 《하나님의 숨결》이라는 제 책으로 365일 묵상을 했습니다.

그 과정을 지나며, 성도들이 하나님의 말씀을 가지고 동일한 영적 흐름 속에 있는 것이 교회를 튼튼하게 만드는 것을 알게 되었습니다. 교인들의 언어가 바뀐 것을 보았고 말씀 묵상이 신앙을 단단하게 하는 데 큰 힘이 된 것을 깨달았습니다. 코로나 3년간 교회가 준비한 매일 묵상 365의 과정을 따라오면서 하나님께서 축복의 시간을 주셨다는 간증도 들려왔습니다.

결국 우리 신앙의 기본은 말씀과 기도입니다. 말씀으로 하나님의 마음을 알고 기도로 하나님과 교제할 때 하나님의 뜻대로 살 수 있습니다. 하나님 말씀의 능력은 그 말씀 자체에서 나오고, 매일 그 말씀을 묵상하고 순종하며 살아가는 것은 신앙에 정말 큰 유익이 됩니다.

말씀은 나를 온전하게 한다

성경을 다른 말로 'canon'(척도)이라고도 하는데, 이는 '정확하게 재는 자'라는 뜻입니다. 옛날에는 성경을 파피루스, 즉 갈대에 기록했습니다. 그리고 고대 이집트에서는 갈대로 자를 대신했습니다. 갈대는 곧게 자라기 때문입니다.

자를 대면, 잘못되어 삐뚤어진 것들이 드러나게 되고, 잘못된 것이 드러나면 고치게 되어 있습니다. 그와 같이 하나님의 말씀은 내 삶의 기준이 됩니다.

이는 하나님의 사람으로 온전하게 하며 모든 선한 일을 행할 능력을 갖추게 하려 함이라 **딤후 3:17**

디모데후서의 기자는 하나님의 말씀이 하나님의 사람, 즉 우리를 온전하게 한다고 말합니다. 그러기 위해서는 먼저 성경에 삶을 교정하고 하나님의 사람으로 온전하게 하는 능력이 있음을 믿고, 하나님께서 성경 말씀을 통하여 우리에게 말씀하신다는 것을 확실히 인정해야 합니다.

20여 년 전, 《구약 개관》과 《신약 개관》을 집필하면서 저는 매주 놀라움의 연속이었습니다. 성경 66권은 수천 년에 걸쳐서 40명이 넘는 사람들에 의해 기록된 책인데 그 내용이 어쩌면 그렇게 일맥상통하고 일관성 있는지 모릅니다.

하나님의 감동으로 된 것이 아니라면 우리가 지금 이 말씀을 가질 수 없었다는 확신이 들고, 성경이 바로 그런 하나님의 말씀이기 때문에 우리의 삶을 감동하고 우리를 온전케 할 수 있다는 믿음이 생겼습니다.

당신은 '하나님의 말씀이 나를 온전하게 하며, 선을 행할 능력을 갖추어줄 수 있다'라고 믿습니까? 이 믿음이 분명할 때, 하나님의 말씀을 보고 하나님의 마음을 알아야 하는 동기가 부여될 것입니다. 말씀이 내 안에서 역사한다는 믿음 없이 어떻게 올바로 이 말씀을 대하며 신앙생활을 하겠습니까.

성 어거스틴이 방황하고 자신의 죄로 좌절하고 있던 어느 날, 갑자기 이웃집에서 "집어 들고 읽어라. 어서 읽어라"라는 아이의 노랫소리가 들렸습니다. 그래서 성경을 찾아 펼쳤을 때 "낮에와 같이 단정히 행하고 방탕하거나 술 취하지 말며 음란하거나 호색하지 말며 다투거나 시기하지 말고 오직 주 예수 그리스도로 옷 입고 정욕을 위하여 육신의 일을 도모하지 말라"(롬 13:13,14)라는 말씀이 눈에 들어왔고,

이 구절을 보고 그가 회심합니다. 놀랍죠.

하나님의 말씀은 정말 놀랍게도, 이상하게 우리 속에서 역사합니다. 하나님의 말씀을 믿을 때 그 말씀이 내 속에 살아서, 정말 그 어떤 칼보다도 예리하게 내 심령과 골수를 찔러 쪼갭니다.

성경이 내 삶의 척도가 되어 내 삶을 바꾸고 온전케 할 수 있다고 믿으며 '성경을 내 삶의 기준으로 삼겠다'라고 결심하면 성경은 당신의 삶에서 역사할 것입니다. 말씀을 묵상할 때 성경이 당신의 삶을 진리의 영으로 인도할 것입니다. 그 말씀이 하나님의 말씀이기 때문입니다.

당신에게 도전합니다. 말씀이 나를 온전케 할 수 있다고 믿는다면 하나님께서 말씀하시는 것을 들으려고 마음먹으십시오. 먼저 성경 말씀을 통해서 말입니다.

하나님 음성을 들으려면 멈춰 기다려야 한다

'희망'을 믿음으로 여기는 사람이 많은데 믿음은 내 비전이나 희망, 내가 원하는 것이 아닙니다. 믿음은 약속에 근거하며, 하나님의 말씀을 믿고 신뢰하는 것입니다. 약속은 이미 이루어'진' 것이 아니라 이루어'질' 것이 아닙니까? 그러므로, 이루어질 것을 기대하는 것이 믿음입니다.

믿음은 전적으로 하나님 말씀에서 시작됩니다. 하나님이 말씀하시고, 그 말씀을 묵상하며 하나님의 약속이 들어올 때 내 안에서 믿음이 시작되는 것입니다. 그러므로 하나님의 말씀을 묵상함으로 그분이 내게 주시는 약속이 무엇인지 알고, 그 말씀을 근거로 하여 믿음의 터를 닦아야 합니다.

'희망의 믿음'을 '약속의 믿음'으로 착각하면 안 됩니다. 하나님의 약속에 근거하지 않은 허황된 믿음은 진짜 믿음이 아니며, 말씀 없이 믿음을 갖는 것은 허공을 치는 것과 같습니다.

그런데 문제는, 신앙생활을 하면서 나도 하나님의 말씀을 듣고 싶은데 말씀이 들리지 않고 하나님의 뜻이 구별되지 않는다는 것이죠. 그렇다면 하나님의 말씀이 없을 때, 하나님의 말씀이 들리지 않을 때는 어떻게 해야 할까요?

하용조 목사님은 《믿음은 기다림으로 완성됩니다》(두란노)라는 책에서 '묵상은 생각하는 것과 더불어 기다리는 것'이라면서, 하나님의 말씀을 기다리고 인내해야 한다고 했습니다.

저는 이것을 생명의 탄생에 비유하고 싶습니다. 임신하면 엄마는 열 달 동안 아이를 태중에 품고 기다려야 합니다. 급하다고, 몸이 무겁고 불편하다고 5개월 만에 출산할 수는 없습니다. 아기는 열 달을 채워야 나오는 겁니다.

하나님께서 우리에게 말씀하시고 그분의 약속을 이루어 가시는데, 그것은 우리가 편한 시간에 이루어지는 것이 아닙니다. 하나님의 약속을 붙들고 기다리고 인내하는 시간이 우리에게 필요합니다.

신앙의 사람들은 하나님의 말씀을 끝까지 기다리지만, 때때로 인내하지 못하는 사람을 많이 보게 됩니다. 성경에도 하나님의 말씀을 기다리지 못하고 자기 뜻대로 행동하다가 실패하거나 타락한 이야기가 기록되어 있습니다. 서두르면 이스마엘을 낳고 기다리면 이삭을 낳게 됩니다.

　페리 노블 목사는 그의 책 《삶의 어떤 순간에도, 하나님》(두란노)에서 일정에 쫓겨 정신없이 뛰어다니며 열심히 살지만, 하나님의 아름다우심을 보기 위한 시간을 내지 않는 탓에 그분과의 친밀함을 경험하지 못하고, 하나님이 그분을 보여주셔도 보지 못하는 우리의 모습을 말해줍니다.

　그는 친구가 "자네의 속도는 감당할 수 있는 수준을 넘어섰어. 너무 빨라"라고 조언하자 "마귀는 하루도 쉬지 않네"라고 말했다가 "꼭 마귀를 본보기로 삼아야 하겠는가?"라는 대답을 듣기도 했습니다. 그런 그에게 상담 치료사는 이렇게 말했습니다.

　"성경은 일하지 않는 사람을 게으르다고 말하지만 쉬지 않는 사람에 대해서는 불순종이라는 표현을 씁니다."

　말씀 묵상을 하자고 하면 많은 사람이 바쁘다는 핑계를 댑니다. 그런데 성경은 일하지 않는 사람은 게으르다고 하지만, 하나님 앞에서 쉬지 않는 사람에 대해서는 불순종한다고 말합니다. 이 쉼은 아무것도 하지 않고 그저 노는 시간이 아니라 하나님의 말씀을 들을 수 있는 시간을 의미합니다.

믿음은 하루아침에 이루어지지 않습니다. 하나님의 말씀, 하나님의 마음을 헤아리려고 하는 그 과정 가운데는 기다림의 시간이 있습니다. 묵상은 우리로 하여금 끊임없이 하나님의 약속을 기대하게 만드는 능력입니다.

다 이해하지 못해도

하나님의 마음을 알고 그 마음으로 산다는 것에는 여러 가지 의미가 있을 텐데 그중 말씀을 삶에 적용한다는 것은 어떻게 한다는 것일까요?

예전에 어떤 장로님의 하관 예배에서 '장로님은 죽음으로 끝난 것이 아니라, 새로운 삶이 시작되었다'라는 내용으로 설교하며 죽음을 보는 시각이 달라져야 한다고 말한 적이 있습니다. 그때 제가 묵상한 말씀이 예수께서 우리의 거처를 예비하기 위해 먼저 가신다는 요한복음 14장 2절 말씀이었습니다. 또한 주님은 요한계시록 21장에서 새 하늘과 새 땅을 약속하셨습니다.

진리를 모를 때는 죽음이 인생의 끝이라고 생각하지만, 진리를 아는 사람은 죽음이 하나님 앞에서 우리의 새로운 시작인 것을 알게 됩니다.

말씀이 우리의 관점을 바꿔주어 새로운 관점을 갖게 합니다. 말씀에 집중하기 시작할 때, 그 말씀은 우리가 삶을 바라보는 시각을 열어주고, 교정하고, 진리로 향하게 합니다.

그러므로 목사가 강단에서 하나님의 말씀을 선포하는 한, 그것이 목사의 소리가 아니라 하나님의 말씀으로 들려져야 합니다. 그리고 이 강단은 목회자의 개인적인 이야기를 하는 곳이 아니라 하나님의 말씀을 선포하는 장소여야 합니다.

저는 강단에서 선포한 말씀을 이 책에서 당신에게도 동일하게 선포하며 도전합니다. 당신이 성경 말씀을 읽고 듣고 묵상할 때, 그 말씀이 그저 역사적으로 쓰인 한 사건이 아니라 오늘 바로 당신에게 주시는 하나님의 말씀으로 들려야 합니다.

그런데 성경을 하나님의 말씀으로 인정하고, 이 말씀을 읽고 묵상하기 시작하더라도, 그 말씀을 다 이해할 수는 없을 것입니다. 그 과정에서 이해가 잘 안 되는 것이 생길 수 있습니다.

그러면 목사님에게 가져가서 질문하며 명쾌한 대답을 원하겠지요. 그 분들은 자신이 이해하는 한에서 잘 설명해주시겠지만, 누구도 성경에서 모든 걸 알지는 못하고, 저도 그렇습니다.

아주 중요한 팁을 하나 알려드릴게요. 혹시 누군가 "어디 가면 성경을 완벽하게 해석해준대. 가서 성경공부 해보자" 한다면 그곳은 100퍼센트 이단입니다.

어떻게 하나님의 말씀을 사람이 완벽하게 해석하고 이해할 수 있겠습니까. 사람이 100퍼센트 다 이해한다면 하나님의 말씀이 아닙니다. 성경에는 우리가 이해할 수 있는 것도 있고, 이해할 수 없는 것도 있습니다.

빌리 그레이엄 목사님이 이런 말을 한 적이 있습니다.

"오래전 나는 신앙으로 성경을 받아들이기로 결심했다. 이것이 모든 사람에게 해당하기에는 어려움이 있을 수도 있다. 우리 중 대부분은 핵분열에 대하여 이해하지 못해도 받아들인다. 나는 텔레비전에 대해 다 이해하지 못해도 받아들인다. 왜 사람들이 만든 기적과 같은 일들은 쉽게 받아들이면서 성경의 기적을 받아들이기는 어려워하는가?"

하나님의 말씀은 정말 우리 삶에서, 우리 속에서 놀랍게 역사합니다. 어떤 말씀이 역사할지는 몰라도, 이 말씀을 내 삶의 기준으로 삼겠다고 결심할 때 그런 일이 일어납니다. 그것은 말씀을 다 이해하기 때문이 아니라 그 말씀이 하나님의 말씀이기 때문입니다. 그것이 중요합니다.

친숙해야 그 말씀이 들린다

하나님의 말씀이 나를 온전케 할 수 있다고 믿는다면 그 말씀이 내 삶에서 익숙해지도록 살아야 합니다. 성경에 나오는 이야기들이 그저 이스라엘의 역사가 아니라 오늘 내게 주시는 말씀으로 들리려면 이 말씀에 친숙해지는 과정이 필요합니다.

아이를 키우며 이런 경험을 해보셨을 텐데, 시장이나 놀이공원 같은 곳에서 아이가 넘어져 울거나 "엄마!" 하고 큰 소리로 부르면 그 시끄러운 곳에서도 엄마의 귀에는 자기 아이의 소리가 들립니다. 친숙한 목소리이기 때문입니다.

말씀을 잘 듣기 위해서는 그 말씀과 친숙해져야 합니다. 낯선 외국어는 잘 안 들립니다. 같은 나라 사람과 이야기를 해도 이야기를 많이 나눠본 사람의 말이 귀에 더 잘 들어옵니다. 그 말씀이 나에게 익숙해지기 위해서는 노력이 필요합니다.

음성을 알아듣는 관계에 대해서 예수님은 그분과 우리를 목자와 양에 비유해 설명하셨습니다.

> 문으로 들어가는 이는 양의 목자라 문지기는 그를 위하여 문을 열고 양은 그의 음성을 듣나니 그가 자기 양의 이름을 각각 불러 인도하여 내느니라 자기 양을 다 내놓은 후에 앞서 가면 양들이 그의 음성을 아는 고로 따라오되 타인의 음성은 알지 못하는 고로 타인을 따르지 아니하고 도리어 도망하느니라 **요 10:2-5**

양은 목자의 음성을 정확하게 듣습니다. 주변이 시끄럽다고요? 들으려 하면 그 음성은 들리게 되어 있습니다. 문제는 그분이 나의 목자냐 하는 것입니다.

양은 목자의 음성을 아는데, 태어나면서부터 목자를 아는 것이 아니라 목자를 따라 목자의 음성을 듣다 보니 알게 되는 것입니다. 양이 목자의 음성을 듣기 위해서는 시간이 필요합니다. 목소리가 안 들리는 것이 아니라 세상에는 너무 많은 목소리가 있어 그중에서 목자의 목소리를 구별하는 훈련이 되어야 하기 때문입니다.

'묵상 훈련'은 이 세상 가운데서 하나님의 말씀을 구별하는 훈련입니다. 우리가 하나님을 믿는다는 것은 이 부분에서 전문가가 되어야한다는 것입니다.

> 모든 성경은 하나님의 감동으로 된 것으로 교훈과 책망과 바르게 함과 의로 교육하기에 유익하니 **딤후 3:16**

살아가면서 하나님의 음성을 알 수 있는 것은 한순간의 어떤 은혜를 받아서 이루어지는 일이 아닙니다. 말씀에 친숙해져야 합니다. 당신에게 도전하고 싶습니다. 말씀이 나를 온전케 할 수 있다고 믿는다면, 하나님께서 말씀하시는 것을 들으려고 마음먹으십시오. 먼저 말씀을 통해서 말입니다.

그런데 많은 신앙인이 당최 성경을 보지 않고 말씀을 공부하지 않습니다. 성도들 가정에 심방을 가서 예배드릴 때 성경 구절을 말하면 찾지 못해 당황하는 사람이 참 많았습니다. 소선지서같이 익숙하지 않은 성경은 중직들도 잘 못 찾습니다. 스마트폰 성경앱도 얼마나 성경에 익숙한가에 따라 성경 구절 찾는 속도가 다릅니다.

말씀을 묵상하지 않고 어떻게 음성을 들을 수 있습니까? 말씀을 보지 않는데 어떻게 이 말씀이 내게 익숙해지겠습니까. 말씀이 익숙하지 않은데 어떻게 내 귀에 들릴 수 있겠으며, 말씀이 들리지 않는데 어떻게 하나님의 말씀으로 내가 교정될 수 있겠습니까.

말씀에 익숙해지고, 그 말씀에 친밀해지도록 하십시오. 그리고 그렇게 결심하는 그 순간, 하나님의 말씀이 당신 속에 말씀하실 수 있도록 자신을 내어놓으십시오.

내 인생을 교정하는 말씀의 역사

설교란 하나님의 말씀을 가지고, 교인들이 이 말씀을 가지고 살아가도록 설득하는 것이라 하겠습니다. 목사가 자기 생각이 아닌 하나님의 말씀을 가지고 설교한다면 설득될 이유가 충분히 있는 것이지요. 이때, 듣는 사람은 강단에서 설교하는 내용이 하나님의 말씀에 근거하고 있는지 아닌지를 분별할 수 있어야 할 것입니다.

그렇다면 어떻게 분별할 수 있을까요? 저는 '친숙함'으로 이야기하고 싶습니다. 우리가 하나님께서 주신 말씀에 얼마나 친숙할 수 있느냐는 것입니다.

오래전에 신학교에서 이단론을 강의한 적이 있는데 강의를 위해 온갖 이단을 연구해서 가르치다 보니 갑자기 이런 생각이 들었습니다. '아니, 언제까지 이단을 연구하면서 이게 틀렸다고 이야기하고 그걸 배우면서 살아갈 건가. 그것으로 우리 신앙이 온전해질까?'

이단에 대해 말하기 전에 내가 올바른 성경 지식을 갖는 것이 필요합니다. 그들의 잘못된 점을 알아 무엇이 잘못되었다고 지적하는 것보다 중요한 것은 내가 진리를 확실하게 배워 무엇이 참인지를 바로 아는 것, 그래서 올바른 말씀을 공부하고 그 말씀에 근거하는 것입니다.

예수님이 40일 광야 금식을 하신 후에 사탄에게 3가지 시험을 받으십니다. 사탄이 '즉각' 성공할 수 있는 지름길을 보이며 유혹할 때 예수님이 이를 물리치신 방법은 논쟁이나 분석이 아니라 '하나님의 말씀'이었습니다. 아버지께서 자기를 부르신 목적을 명심하고 하나님의 말씀을 분명히 제시함으로 시험을 물리치셨습니다.

진짜를 알면 가짜와 거짓은 물러가는 법입니다. 거짓은 잠시 우리를 속일 수 있을지는 몰라도 곧 드러나게 마련입니다. 하나님의 마음과 방법을 정확하게 알면, 그것을 벗어나는 것들이 자연스럽게 드러날 것입니다.

진리만이 영존(永存)하며, 우리를 복되게 하는 능력은 진리에만 있습니다. 하나님의 말씀을 통해서만 우리 인생이 교정될 수 있습니다. 우리가 온전하게 되기를 원하시는 하나님의 말씀이 내 귀에도 또렷하게 들려져야 말씀대로 살 수 있지 않을까요?

하나님의 말씀이 내 삶에 들어와서 '너 이거 맞게 사는 거니? 이게 지금 맞는 거니?' 물으실 때 내 안에서 그 갈등이 시작되면 그때 비로소 '아, 하나님의 말씀이 맞는 겁니다'라고 인정하게 되고, 이렇게 '조정' 작업이 일어나서 '순종'으로 나아가면 삶에서 하나님을 '경험'하게 됩니다.

성경을 통해 말씀하시는 하나님의 음성이 들리고 하나님의 말씀이 친숙하게 내 안에 생각나서 그 말씀으로 인하여 내 삶에 교정이 일어나고 옳은 길을 가게 될 때 "말씀이 내 안에서 역사하고 나를 붙들어 준다"라고 말하게 됩니다.

이렇듯 말씀을 나의 기준으로 삼겠다는 결심을 시작으로, 말씀이 내 삶 가운데 역사하시는 경험이 이어질 때, 즉 조정과 순종과 경험이 내 안에서 계속적으로 반복될 때 하나님의 말씀을 듣고 따라서 살아갈 수 있습니다.

성경을 읽고 묵상하고 이해하고 삶에 적용하는 것이 쉬운 일은 아니지만 그렇게 어려운 일도 아닙니다. 하나님의 음성을 듣고, 그 말씀을 따라 인생을 조정할 용기만 있으면, 하나님의 역사가 우리 삶에서 경험될 것입니다.

준비해야만 경험하는 것

말씀을 듣고 순종한 저의 간증을 한 가지 나누겠습니다. 몇 년 전 한동대학교에서 설교를 부탁받아 나름대로 열심히 준비해 갔는데, 예배를 드리는 동안 성령께서 제 마음에 계속해서 그 준비한 말씀이 적절하지 않다는 음성을 주셨습니다.

'이렇게 원고를 시간 맞춰서 준비해 왔는데 적절하지 않으면 어떡합니까? 저는 이제 곧 소개받고 강단에 올라야 하는데요.'

'이 말씀이 저 아이들에게 적절하지 않다.'

고민하던 중에 그즈음 읽었던 후안 카를로스 오르티즈 목사님의 책 내용이 생각났습니다. 후안 목사님이 어느 예배 시간에 설교하려고 준비할 때 성령님이 너무도 강력하게 "후안, 오늘 네가 설교하지 마라"라고 말씀하셨답니다.

목사님은 그 예배가 라디오 생방송으로 나가고 있어서 난처했지만, 성령님이 다시 한번 강력하게 말씀하시니 결국 순종하기로 하고 강단에 나와 "오늘 말씀은 '서로 사랑하라'입니다" 하고는 그냥 내려갔습니다. 그런데 그 예배 중에 놀라운 일이 일어납니다.

이 일화를 소개하며 목사님은 "여러분은 말씀을 듣는 자입니까, 말씀을 행하는 자입니까"라고 질문을 던졌고, 저도 그 말에 도전을 받고 있었는데 이날 성령께서 제게도 계속 강하게 말씀하시니 순종해야겠다는 생각이 들었습니다(그 책을 읽지 않았더라면 그렇게 순종하지 못했을 것입니다).

하나님의 인도하심을 따라, 주시는 말씀대로 설교하겠다고 결심하고 설교 원고 없이 마이크만 들고 강단에 올라갔습니다. 그리고 설교를 시작했는데, 속에서부터 아주 놀라운 체험을 하게 되었습니다.

저는 설교를 참 많이 하는데 그때 처음으로, 제가 아주 강력하게 하나님의 손에 붙잡혀 사용되고 있다는 느낌이 들었습니다. 그리고 깨달았습니다. '아, 하나님은 나의 준비로 일하시는 분이 아니라 하나님이 필요할 때 나를 쓰시는 분이구나!'

저는 설교를 철저하게 준비하는 타입이었지만 그때부터는 준비된 설교 원고를 놓고 늘 '하나님, 제가 준비했지만, 저의 준비가 아니라 하나님께서 저를 쓰실 수 있도록 제가 내려놓겠습니다'라는 기도를 하게 되었습니다.

이 말을 '준비할 필요가 없네'라고 잘못 받아들이면 안 됩니다. 오히려 그 반대입니다. 철저하게 준비하지 않는 사람은 하나님이 그 준비한 것을 쓰시는지 안 쓰시는지 절대로 알 수 없습니다. 이것은 경험을 통해서만 알 수 있으며, 그 경험은 철저하게 준비한 자들의 몫입니다.

믿음을 가지고 살아가는 것, 하나님의 음성을 기다린다는 것은 우리 삶을 무기력하게 만드는 것이 아닙니다. 내가 하나님의 말씀을 듣기 때문에 '아, 하나님이 알아서 하세요' 하면서 삶의 모든 것을 놔버리는 게 아닙니다.

오히려 내게 주어진 인생을 최선을 다해 살아가면서 하나님의 음성을 들을 준비가 되어 있을 때 그 삶의 현장 한가운데서 하나님이 말씀하십니다. 그리고 그 말씀에 순종하기 시작할 때 그것을 통해 일어나는 놀라운 경험을 하게 됩니다. 그때 내게서 말씀의 역사가 일어나는 것입니다.

오늘도 하나님은 우리 각 사람에게 말씀하기를 원하십니다. 신실하신 하나님의 음성을 들으십시오! 그러면 내 삶이 하나님의 사람으로서 온전해지고, 나아가 내 교회와 가정이 온전하게 될 것입니다. 그러면 이 땅이 온전하게 될 것입니다.

"와, 하나님께서 내 삶에 이렇게 역사하셨고, 내가 순종함으로 하나님께서 일하셨어!"

이러한 삶의 이야기를 '간증'이라고 부릅니다. 예배는 이러한 간증을 가진 사람들이 모여서 함께 믿음의 이야기를 나누는 현장입니다. 저는 당신의 삶에, 당신의 가정과 교회에 그 간증이 가득하기를 바랍니다.

내게 배우고, 가르치며
나를 닮아가렴!

고린도전서 11장 1,2절

내가 그리스도를 본받는 자가 된 것같이 너희는 나를 본받는 자가 되라 너희가 모든 일에
나를 기억하고 또 내가 너희에게 전하여 준 대로 그 전통을 너희가 지키므로 너희를 칭찬하
노라

자격이 아니라 부르심이다

우리는 하나님의 사람으로 온전케 되기를 원해서 하나님의 말씀을 묵상합니다. 그런데 온전케 하시는 하나님의 말씀을 배우되, 단순히 배우는 데서 끝나지 않고 배운 말씀을 끊임없이 가르쳐서 그리스도를 닮는 사람들을 만들어내야 합니다.

다시 말해, 말씀을 묵상하는 이유가 단순히 말씀을 배우고 나 자신이 온전케 되는 데서 머무르는 것이 아니라 배움을 가르침으로, 제자를 만드는 일로까지 연결되어야 한다는 것입니다.

이것이 하나님께서 우리에게 주신 큰 사명입니다. 우리가 끊임없이 교회에서 말씀을 가르쳐야 하는 이유가 있다면 내가 그리스도를 닮은 사람이 되는 데서 그치는 게 아니라 또 다른 '그리스도를 닮은 크리스천'을 만들어가야 하기 때문입니다.

하나님의 말씀은 우리를 온전케 한다는 '배움'에 대한 말씀과 연결되어 있습니다. 우리의 신앙은 믿음에 머무르는 것이 아니라 어떻게 따를 것이냐의 문제죠.

공생애 기간에 예수님은 그분을 따르는 많은 무리에게 "나를 믿으라!"라는 말씀도 하셨지만 "나를 따르라!"라는 말씀을 그보다 훨씬 더 많이 하셨습니다. 믿음이 중요하지 않은 게 아니라, 믿는다면 '따름'이 있어야 한다는 말입니다. 믿음에는 따름이 분명히 나타나야 합니다. 믿는 자에게 필연적으로 따름의 메시지가 없다면 그 믿음은 거짓된 믿음일 수 있습니다.

사람들이 신앙생활을 하면서 "나는 주님을 따를 자격이 없어요!", "나는 자신이 없어요"라는 말을 많이 합니다. 이런 말은 맞기도 하고 틀리기도 합니다. 자격으로 신앙생활을 한다면 저나 당신이나, 하나님 앞에 설 수 있는 사람은 없을 테니까요.

우리는 하나님의 은혜로 신앙생활을 하는 것일 뿐, 자신감을 가지고 신앙생활을 하는 사람은 없습니다. 만일 자신의 능력으로 하는 것이거나 스스로 선택한 일이라면 주님을 따르는 것은 불가능합니다. 하지만 하나님께서 먼저 시작한 일이라면 가능하지 않을까요?

예수님도 요한복음 15장의 '포도나무 비유'를 통해 "너희가 나를 택한 것이 아니요 내가 너희를 택하여 세웠나니"(요 15:16)라고 말씀하셨습니다.

주님이 왜 우리를 택하셨을까요? 우리에게 충분히 자격이 있기 때문이 아니라, 우리가 그리스도를 본받는 자가 되도록 부르신 것입니다. 그러니 이 부르심 앞에서 자신의 부족함 때문에 좌절할 필요가 없습니다. 우리의 자격에 달린 문제가 아니라 하나님이 부르셨다는 것이 우리에게 하나님을 따를 자신감이 됩니다.

예수님이 제자들을 부르실 때 요구하신 것도 '따라오라'는 것이었습니다. 예수님이 부르신 그 어떤 사람도 자격이 있어서 부름받은 게 아닙니다. 주님이 택해서 부름받았고, 주님이 포기하지 않으셨기에 하나님의 사람으로 쓰임받았습니다.

베드로가 얼마나 실수도 많이 하고 부족한 점이 많습니까. 처음 예수님을 만났을 때 그는 그저 어부였고, 제자의 자격을 갖추지도 못했습니다. 그러나 예수님은 그가 아직 온전하지 못하고 불완전함이 해결되지 못했을 때 그를 부르셨고, '베드로'(반석)라는 이름을 주셨으며, 그 이후로는 놀랍게도 그를 반석으로 여겨주셨습니다.

예수님이 부활하신 후에 다시 고기 잡는 어부로 돌아갔지만, 예수님은 그를 포기하지 않으셨습니다. 끝까지 포기하지 않으신 하나님의 은혜로 베드로가 쓰임받습니다.

이것을 통해 우리는 자격이 문제가 아니라, 우리를 포기하지 않고 끝까지 믿어주시는 주님의 마음이 중요하다는 것을 깨닫게 됩니다. 당신이 부족하고 자격이 어떻든지, 하나님이 당신을 택하고 부르셨기 때문에 그분은 절대 당신을 포기하지 않으세요. 바로 그 부르심에서 우리에게 예수님을 배워갈 자격이 주어집니다.

배우려는 마음만 있으면 된다

조동천 목사님(예수뿐인교회)이 초등학생 시절, 찰흙으로 만든 작품이 가작으로 당선되어 전시되었답니다. 사람들이 그 작품을 보면서 "야, 멋지다"라고 칭찬하니 너무 기분이 좋았지요.

그런데 문득 '아니, 나를 칭찬하는 것도 아니고 작품을 칭찬하는데 왜 내가 기쁘지?' 싶더랍니다. 그 이유가 뭘까요? 그걸 만든 사람이 나이기 때문입니다. 내가 만든 작품이기 때문이지요.

그렇듯, 누군가를 칭찬하는 것은 하나님을 칭찬하는 거예요. 누군가를 비난하는 일과 자신에 대한 모든 평가도 하나님을 향한 것입니다. 그 모두가 하나님의 작품이니까요. 나를 칭찬하고 인정하는 것은 사실은 나를 지으신 하나님을 인정하고 칭찬하며 그분께 영광을 돌리는 것입니다.

우리의 신앙도, 하나님의 마음을 알아가는 것도, 하나님이 나를 부르시고 택하여 세워주셨음을 인정하는 데서부터 시작됩니다. 그러니 하나님께서 당신을 부르셔서 제자로 삼겠다고 하셨으면 그것은 하나님께서 하실 일이니 굳이 자기 단점을 바라보며 스스로 비하할 필요는 없는 것입니다.

유학 시절, 저는 정말 영어 때문에 스트레스도 많이 받고 좌절감도 많이 느꼈습니다. 당시 노숙자들을 보면서 그들의 유창한 영어 실력을 부러워할 정도였습니다.

그때 어떤 한국인 교수님이 저를 초대해식사를 대접해주시면서, 자기가 미국에 처음 왔을 때의 경험도 이야기해주시고 위로와 격려를 해주셨습니다.

"영어를 못하는 것 때문에 절대 기죽지 마세요. 한국말을 유창하게 하면서 영어까지 하니까 얼마나 훌륭합니까? 영어만 잘하는 미국 사람들과는 차원이 다릅니다."

생각해보니, 제가 영어를 못하는 것은 제가 한국 사람이기 때문이었어요. 하나님께서 저를 한국 사람으로 만들어주신 것이지요.

그분이 우리를 부르신 이유는 모든 것을 다 잘하라는 게 아니라, 해야 하는 그 무엇이 있기 때문이라는 것입니다. 우리는 누구와 비교하기 위해서가 아니라 구별되기 위해 지음을 받았습니다.

그러니 내가 무엇을 못하는 것 때문에 좌절할 것이 아니라 하나님이 나를 부르신 것 때문에 내가 쓰임받을 수 있는 것을 생각하면 됩니다.

…만일 하나님이 우리를 위하시면 누가 우리를 대적하리요 … 누가 우리를 그리스도의 사랑에서 끊으리요 환난이나 곤고나 박해나 기근이나 적신이나 위험이나 칼이랴 **롬 8:31, 35**

하나님이 우리를 부르셨습니다. 그분이 택하셨으면 그 어느 것도 우리를 그분에게서 끊을 수 없습니다. 우리가 하늘나라의 제자가 되어야 하는 이유는 하나님께서 우리를 부르셨기 때문입니다. 그 부르심 때문에 내가 제자가 되고 하나님의 말씀을 배우고 하나님을 닮은 그리스도인으로 살아가는 것입니다.

그러므로 제자가 되는 데 있어서 "나는 부족합니다"라는 말은 겸손이 아니라 나를 부르신 하나님에 대한 불순종입니다. 문제는 '나의 부족함'이 아니기 때문입니다.

제자로, 하나님의 마음을 아는 자로 살아가는 데 중요한 것은 내가 부족하고 자격이 있고 없고가 아니라 내게 주님을 따라갈 마음의 준비가 되어 있느냐는 것입니다.

정작 중요한 문제는 우리가 '제자의 도'를 배우려 하지 않는 것입니다. 우리가 하나님의 말씀을 믿지 못해 삶을 교정하려 하지 않을 뿐입니다. 부족해도 나를 가르쳐서 사용하시겠다는데 말입니다.

하나님께서 우리를 사용하기로 작정하셨을 때는 우리에게 주시는 것이 있지 않을까요? 문제가 있다면, 부르셔서 나를 가르치시는데 배우지 않고, 본을 따르지 않는 것뿐입니다.

제가 중요한 정의를 하나 내리겠습니다. 우리에게 배우려는 마음이 있으면 됩니다. 내가 주님을 닮아가려는 삶을 살아가려고 하는 의지가 있는가, 내가 배우려고 하는가가 중요합니다. 말씀에 순종할 준비만 되어 있으면 얼마든지 예수님의 제자로 닮아갈 수 있습니다. 이런 확신에서 시작해야 합니다.

본받음의 의미

내가 그리스도를 본받는 자가 된 것 같이 너희는 나를 본받는 자가 되라 **고전 11:1**

이런 편지를 쓰면서 사도 바울이 얼마나 힘들었을지 생각하게 됩니다. 누가 감히 이렇게 말할 수 있을까요? 이 말을 보면서 사도 바울이 교만하다거나 자신감이 넘친다고 느끼는 사람도 있겠지만, 조금만 더 그를 이해하게 된다면 그 자신에게서 온 말이 아니라는 것을 알 수 있습니다.

"내가 나 된 것은 하나님의 은혜"(고전 15:10)라고 고백하며 그렇게 은혜를 붙들고 평생을 목회한 사도 바울이 자기가 개척한 고린도교회의 교인들에게 "여러분, 나를 본받는 자가 되십시오"라고 한 것은 무엇을 본받으라는 것입니까?

그의 말은 자신이 완전하다는 의미가 아닙니다. 그는 평생 그리스도를 본받는 자가 되려고 노력한 사람입니다. 그가 일생을 통해 그렇게 '그리스도를 본받으려고 했던 것'을 본받으라는 말씀이 아닐까요? 내가 그리스도를 본받는 것처럼, 여러분은 내가 그리스도를 본받아 살려고 노력했던 내 모습을 본받으라고 말입니다.

'본받는다'라는 말의 뜻은 누구를 닮아간다는 것이죠. 누군가를 닮아가거나 따르는 사람을 '팔로워'(follower)라고 부릅니다. 누구의 발걸음을 따라가는 것입니다.

본래 '크리스천'(Christian, 그리스도인)이라는 말은 'Christ-like', 즉 '그리스도를 닮은 사람'이라는 뜻입니다. 사도행전 11장을 보면 제자들이 안디옥에서 처음으로 '그리스도인'이라 일컬음을 받게 되었습니다(행 11:26).

제자로 살아가기 시작한 초대 교인들의 삶은 결코 쉽고 편한 길이 아니었지만, 세상 사람들은 그 믿음의 공동체에서 예수님 닮은 모습을 보았고, '저 사람들은 그리스도를 닮아가는 사람들이구나!'라고 생각하게 된 것입니다.

그리스도를 닮은 사람으로 살아간다는 것은 이 세상에서 세상 사람들과 똑같이 누리며 살려고 하는 것이 아닙니다. 우리를 부르신 하나님의 부르심에 합당한 삶을 살아가기 위하여 그리스도인의 삶을 살아가는 거예요.

사도 바울은 "나는 내 몸에 그리스도의 흔적을 지녔다"(갈 6:17)라는 고백을 했는데, 그가 몸에 지닌 '그리스도의 흔적'이 뭘까요?

여러 가지로 이야기할 수 있고 영적으로도 해석할 수 있겠지만, 그는 복음을 전하기 위해 살아가다가 매도 맞고 돌에도 맞고 고난 당하며 입은 수많은 상처를 볼 때마다 '아, 내가 그리스도로 인하여 받은 고난이 있구나'라고 느꼈을 것입니다.

끊임없이 예수님을 본받으려고 노력하며 살아갔던 바울, '그리스도의 흔적'을 지닌 사도 바울이 고린도 교인들에게 자기를 본받는 자가 되라고 말할 때 그는 어떤 마음이었을까요?

고린도는 쾌락을 일삼으며 당시에 성적으로 가장 타락했고, 우상 숭배가 만연했던 곳이었습니다. 그런 곳에서 살아가는 교인들을 향해 "여러분, 내가 그리스도를 본받는 것처럼 여러분은 나를 본받는 자가 되십시오"라고 말하기는 쉬운 일이 아니었어요.

그것은 낭만적이지 않습니다. 오히려 절규와도 같은 이야기입니다. 내가 치열하게 살았던 것처럼 너희도 그렇게 치열하게 살았으면 좋겠다는 강력한 권면의 말입니다.

주님을 닮고자 하는 열망이 있는가

…그리스도도 너희를 위하여 고난을 받으사 너희에게 본을 끼쳐 그 자취를 따라오게 하려 하셨느니라 **벧전 2:21**

예수님이 고난의 본을 보이셨다는 게 무슨 말일까요? 예수님을 본받아 그분을 배우며 살아가기란 쉬운 일이 아니라는 것입니다. 우리 삶에 고난이 있을 거라는 말입니다.

주님을 믿고 따라가는 삶, 주님을 닮아가는 삶, 제자가 되는 일이 결코 쉬운 일은 아닙니다. 어쩌면 '고난'이라는 말이 그리스도를 따르는 사람에게 트레이드 마크가 될지도 모릅니다. 하지만 그 길을 갈 수 있습니다. 주님을 따라갈 수 있습니다. 그분이 부르셨기 때문입니다.

요즘 제가 돌아가신 아버지를 닮았다는 말을 참 많이 듣습니다. 저부터도 거울을 볼 때마다 거울 속에 제 아버지의 모습이 보여 깜짝깜짝 놀랍니다.

닮는 이유는 과학적으로 우리 속에 있는 유전자(DNA) 때문이겠지만, 자라면서 본 부모님의 모습을 자기도 모르는 사이에 닮기도 합니다. 함께하는 삶을 통해 닮아가는 것이죠.

결국, 우리가 하나님의 말씀을 배운다는 것은 영적 DNA를 물려받는 것이 아니겠습니까? 만일 교회 안의 공동체를 보면서 예수님을 닮은 모습과 하나님의 형상이 보이지 않는다면, 다른 유전자를 가졌거나, 평소에 동행하지 않았다는 의미겠지요.

우리가 어떻게 하면 그리스도를 닮은 삶을 살아갈 수 있을까요? 저는 가장 중요한 게 '열망'이라고 생각합니다. 주님을 닮아 살아가고 싶은 열망이 내 안에 있을 때, 주님을 닮아가며 살아갈 수 있다고 믿습니다.

부모와 스승의 가장 큰 기쁨은 내 자식이 나를 닮고, 내 제자가 나를 닮는 것 아니겠습니까? 예수님이 우리를 이 땅에 남겨두신 것은 바로 주님을 닮은 사람으로 살아가기를 원하셨기 때문이 아닐까요?

저는 "내가 그리스도를 본받는 자가 된 것같이 너희는 나를 본받는 자가 되라"라는 이 말씀이야말로 사도 바울의 가장 위대한 사역자로서의 고백이라고 생각합니다.

만일 제가 은퇴하거나 세상을 떠날 때 교인들과 저를 아는 사람들에게 "지금까지 제가 살아왔던 삶은 하나도 기억하지 말고 주님만을 생각하며 신앙생활 잘하세요!"라고 한다면 어떨 것 같으세요? 그 말이 겸손하게 들릴지는 모르지만 실은 비겁한 것 같습니다. 잘못 산 것일지도 모릅니다.

우리 인생이 온전하지는 못하지만 적어도 "제가 말씀을 따라 살려고 최선을 다했던 것처럼 여러분도 그렇게 믿음의 삶을 살아가십시오"라고 말할 수 있어야 하지 않을까요?

자녀에게도 마지막에 비겁한 말이 아니라 "내가 그리스도를 닮아가려고 치열하게 살았던 것처럼 너희도 그렇게 살아라"라는 말을 남길 수 있다면 좋겠습니다. 그것이 사랑하는 자녀와 교인들을 향해서 할 수 있는 최고의 말이자 축복이라고 생각합니다.

배운 말씀대로 살아내고 가르치는 제자

그러면 예수님을 본받는 가장 강력한 방법이 무엇일까요? 예수님은 "내게 배우라"라고 말씀하셨습니다. "배우라"는 권면이 아니라 명령입니다.

나는 마음이 온유하고 겸손하니 나의 멍에를 메고 내게 배우라 그리하면 너희 마음이 쉼을 얻으리니 **마 11:29**

가장 강력한 배움의 완성은 가르침을 통해 얻어지는 것입니다. 내가 배우는 데서 그치는 것이 아니라 내 배움을 통하여 누군가를 가르치는 단계까지 나아갈 때 진정한 제자가 되고 진정한 가르침을 완성할 수 있지요.

내가 예수님을 믿는다고 고백하는 것이나 배우는 데서 그치지 않고, 배운 것을 살아내고, 더 나아가 배운 것을 가르치는 사람이 되는 것을 통하여 하나님을 닮아가는 삶, 제자의 삶이 완성될 수 있습니다.

제가 박사 과정을 마치고 돌아와 처음에는 신학교에서 학생들을 가르쳤는데 그때 가장 큰 기쁨은 제 배움을 따르는 제자들이 생긴 것이었습니다. 그리고 그곳에서 가르치며 깨닫게 된 것은 '배운 것을 가르치면서 가장 명확하게 배운다'라는 것이었습니다.

따르지 않는 가르침처럼 허무한 것이 어디 있겠습니까? 결국 우리가 주님을 닮아간다는 것은 배우는 것이고, 나를 닮는 사람이 만들어지는 것이죠. 이것을 '제자화' 혹은 '제자 훈련'이라고 부릅니다. 제자가 또 다른 제자를 낳는 것이 제자의 법칙입니다.

제가 설교에 많은 책을 인용하니 사람들이 저를 '책을 많이 읽는 목사'로 알고 있고, '얼마나 많이 읽길래?' 하며 궁금해하기도 합니다. 그런데 저는 그렇게 책을 많이 읽지 않습니다. 그저 읽은 걸 다 써먹을 뿐입니다.

책을 읽으면서 감동이 되거나 좋은 구절이 있으면 꼭 표시하고 메

모를 해놓았다가 설교 안으로 갖고 옵니다. 설교 준비를 오래전부터 미리 하는 스타일이다 보니 읽은 책들이 설교 안으로 다 들어오는 거지요. 그런데 참 신기하게도 내가 읽은 좋은 것을 내가 말하고 가르치면서 내 것이 되는 걸 느낍니다.

제 친구 목회자 중에 정말 손에서 책이 떠나지 않을 만큼 많이 읽는 친구가 있는데 그에게 책을 읽는 건 읽는 거고, 설교하는 건 설교하는 거예요. 읽은 책들을 설교 시간에 인용하는 걸 별로 본 적이 없어서 너무 마음이 안타까워요.

우리가 말씀을 듣고 성경을 공부하고 배우는 것에서 그치면 참 허무합니다. 가장 좋은 가르침과 가장 좋은 제자 됨은 내가 배운 것을 그대로 살아내고 그것을 실천하는 것입니다.

나의 제자 훈련과 제자 됨은 내가 배우는 데서 그치지 않고, 배운 것을 살아내며 삶을 통하여 누군가를 가르치는 것으로 완성됩니다. 그것이 내게 열매로 나타나기 시작할 때 그 삶에 제자 됨에 대한 큰 기쁨이 있게 되지요.

그리스도를 본받으려는 모습을 보는 기쁨

사도 바울은 이러한 '예수 믿는 자의 기쁨'을 깨달은 게 아닐까요? 예수님을 따르는 자가 예수님을 따르는 의미를 깨닫게 된 것에 대한 기쁨 말입니다. 그래서 이 말씀이 이해되는 것 같습니다.

> 너희가 모든 일에 나를 기억하고 또 내가 너희에게 전하여 준 대로 그 전통을 너희가 지키므로 너희를 칭찬하노라 **고전 11:2**

"너희를 칭찬하노라"가 어떤 영어성경에는 "I am so glad"(NLT)로 나와 있습니다. 자기가 가르쳐준 대로 행하는 고린도의 교인들을 바라보니 정말 기쁘다는 거예요.

사도 바울이 고린도 교인들을 바라보는 기쁨은 그들이 어떤 충분한 자격을 가져서가 아니었습니다. 그들이 약함 가운데서 그리스도를 본받으려는 마음을 갖고 있었기 때문입니다. 그 마음이 다른 마음을 낳습니다.

제가 '나눔'에 관한 설교를 한 후 주중에 부산에서 한 가정의 추도 예배를 인도하게 되었는데, 한 권사님이 기차표를 끊고 부산에 오겠다고 연락하셨습니다. 그 분은 제 설교를 듣고 '그들의 필요를 따라 내가 나누어줄 수 있는 게 뭘까?' 생각하다가 그게 자기의 시간이더라면서 내려오기로 한 것이었습니다.

예배 후 그 분이 "목사님, 제가 말씀을 듣고 말씀 따라 살아야겠다는 생각이 들어서 결단했습니다"라고 하시는데, 그때 제 마음이 그야말로 "I'm so glad"였습니다.

말씀을 듣고 그 말씀대로 살려고 하는 사람의 모습을 보는 게 너무 기쁘고 감사했고, 사도 바울이 편지에서 "고린도에 있는 교인들을 바라보면 내가 기쁘다"라고 말한 것에 깊이 공감이 되었습니다.

목회자로서, 말씀을 듣는 이들이 그 말씀대로 살아내고 그 말씀을 지키기 위해 애쓰는 모습을 바라볼 때 정말 기쁩니다. 그런 모습 가운데서 예수님을 닮아가는 모습들을 보게 됩니다. 제가 이럴진대 하나님이 그분의 말씀대로 살아내려는 우리 신앙인들의 모습을 바라보실 때 얼마나 기뻐하시겠습니까!

김정주 전도사가 쓴 《안녕, 신앙생활》(토기장이)에는 "약해도 쓰임 받을 수 있다"라는 이야기가 있습니다. 약해도 쓰임받을 수 있다는 말, 참 멋진 표현이었어요. 중요한 것은 '약해야' 쓰임 받을 수 있는 게 아니라 '약해도' 쓰임 받을 수 있다는 거예요.

그런데 이 지점에 "여기가 좋사오니" 하고 머물러서는 안 된다고 합니다. 약함은 문제가 되지 않지만 약함에 머물러 있는 것은 문제가 된다는 것입니다. 약함에도 불구하고 쓰임 받을 수 있지만 약함에 머물러 있으면 그 약함이 악함이 된다는 이야기가 와닿았습니다.

약해도 쓰임 받을 수는 있지만, 쓰임 받은 후에 약함을 그대로 놔두면 악해집니다. 약할 때 쓰임 받은 그것이 은혜로 이어지지 않는다면 악으로 미끄러집니다. 그러므로 약해도 쓰임 받았을 때 약함에 머무르는 것이 아니라 그것을 극복하고, 우리를 쓰시는 하나님의 은혜로 쓰임 받으며 살아가야 합니다.

하나님의 은혜 가운데 살면서 이 은혜로 살아가는 우리의 삶을 바라보며, 사도 바울이 이야기했던 "I'm so glad"(내가 정말 기쁘다)의 말씀을 살아내야 합니다.

배움에는 엄격함이 필요하다

그러면 어떻게 이 약함에 머무르지 않고 제자의 삶을 살아갈 수 있을까요?

누군가를 닮아간다고 하는 것, 우리가 주님을 닮아가고 믿음으로 제자의 삶을 산다는 것은 그렇게 낭만적인 일이 아닙니다. 세상 한가운데서 예수님을 닮아가는 것은 결코 쉬운 일이 아니며 제대로 배우지 않는다면 그렇게 살아갈 수도 없습니다.

제게는 배우기를 싫어하는 큰 단점이 있습니다. 특히 매뉴얼을 보거나 기초를 배우는 과정을 무척 지루해합니다. 그런데 제대로 배우지 않으면 발전이 없다는 것을 깨달았습니다.

말씀을 배우고 살아가는 것은 굉장히 치열한 일입니다. 닮아간다는 것은 '배움'이 없이는 불가능하며, 배움이라고 하는 것 자체가 우리가 결단하지 않으면 할 수 없는 일입니다. 그리고 배움의 과정에는 엄격함이 필요합니다. 때로는 엄격하게 자신을 다스려야 하고, 자기를 절제해야 합니다.

이 시대에 하나님의 말씀을 배우는 것, 그리고 그 배움이 우리 세대에서 그치지 않고 다음 세대로 이어지는 것이 너무도 절실한 이유가 있습니다. 이 땅 위의 많은 사람이 삶의 기준을 잡지 못하고 살아가기 때문입니다. '편의'라는 이름, '배려'라는 이름으로 '원칙'이 사라져 버리면 걷잡을 수 없는 세상을 맞이하게 될지도 모릅니다.

제 말이 어떻게 들릴지 모르지만, 그동안 기독교 교육의 문제는 우리 자녀들을 너무 배려했다는 것이죠. 이 말의 의미가 이해되시나요? 때로는 훈육하고 가르쳐야 하는데 그렇지 못하고 자녀들에게 끌려다니며 세상과 타협하다 보니 기준과 원칙을 상실했다는 생각이 듭니다.

구약시대에 이스라엘 백성은 왜 그들이 믿는 하나님을 의지하지 못하고 그렇게 많은 우상을 숭배하며 타락했을까요? 작은 나라로서 늘 주변 강대국의 침략과 위협에 시달리며 그들의 신과 막강한 군사력과 돈을 부러워했기 때문입니다.

악인의 번성함을 부러워하는 것은 똑같은 우상 숭배입니다. 오늘날 교회 안에서 부모들, 신앙인, 목회자들이 부러워하는 것이 무엇입니까? 공부 잘하는 자녀, 세상 사람들이 부러워하는 스펙과 영향력, 좋은 직장, 유명세 같은 것은 아닌가요? 그 대열에 끼지 못하면 패배자가 될 것 같은 불안감에 세상을 쫓아가며 살고 있지 않나요?

악인의 번성함이 화려해 보여도 하나님 앞에 올바르게 서지 않은 것은 여지없이 무너졌습니다. 신앙의 원칙이 바로 서지 않고, 세상을 바라보며 부러워하는 것들이 말씀 위에 서지 못한다면 그것들은 어느 순간 무너지고 말 것입니다.

성도가 세상에서 해야 하는 일들과 좋은 대학, 직장 이런 것을 외면해야 한다는 말이 아닙니다. 그러나 하나님을 믿는 우리에게 가장 큰 소망이 있다면 그리스도를 닮아가는 것이 아닐까요? 당신은 정말 예수님을 닮아가는 것을 원하고 있나요?

우리 교회에는 '변화산 새벽기도회'가 있는데, 저는 이것을 교회학교에도 많이 강조합니다. 유아와 초등학생들이 새벽에 참석하는 게 쉽지는 않지만, 저는 이 아이들의 어린 시절에 결코 잊을 수 없는 믿음의 추억을 가슴에 심어주고 싶습니다. 그래서 그들이 살다가 어려운 순간을 만날 때 세상의 방법이 아니라 변화산에 올라 새벽을 지키며 기도했던 믿음의 추억이 생각나길 바랍니다.

교육의 문제에는 아이들을 '특별'(?) 대우하면서 생긴 것도 있습니다. 왜 아이들이 어른들처럼 예배드리고 양육 받는 일을 못 할 거라고 생각할까요? 변화산 기도회 때마다 어른을 중심으로 한 말씀이기에 아이들이 이해하지 못하리라고 생각했는데 아이들이 반응하고, 어른보다 더 진지하고 솔직하게 기도 제목을 내는 것을 보면서 놀랐습니다.

제가 어릴 적에는 주일 저녁예배나 수요예배, 혹은 부흥회에 빠지면 부모님에게 심하게 혼났는데 그때 배운 말씀의 지식이 신학교를 다니면서 배운 것보다 더 소중하다는 생각이 듭니다.

쉬운 일이 아니더라도 중요한 일입니다. 어린 시절 말씀을 가르치는 것이 아이들의 삶에서 무엇보다도 결정적인 영향을 미칠 것입니다.

옛 성품과 습관을 버린 복된 삶

주님을 본받는 것은 한순간의 '결심'으로 되는 것이 아닙니다. 그 결심은 훈련으로 이어져야 하고, 훈련의 과정은 엄격합니다. 훈련 과정 중 가장 중요한 것은 본인의 습관과 성품을 버리는 일입니다. 버리지 않고 새로운 것을 얻을 수 없습니다. 예수님을 닮아가고 제자로 살아가는 이 삶의 과정 중에 제일 힘든 것이 자꾸 옛 성품과 옛 습관들이 나타나는 것입니다.

배우는 걸 참 싫어하는 제가 거의 유일하게 레슨을 받은 것이 스케이트입니다. 사실 저희 세대는 어릴 때 거의 모든 친구가 논에 얼음이 얼면 그 위에서 스케이트를 탔죠. 그때는 폼이고 뭐고 없이 8자로 직직 그으면서 대충 탔습니다.

스케이트를 탈 때는 날이 안으로 들어가는 게 가장 중요한데 그렇게 하면 힘이 많이 들어가니까 몇 바퀴 타다가 힘들면 나도 모르게 다리가 풀리면서 8자로 가던 습관이 나옵니다. 그럴 때마다 코치 선생님은 "목사님, 그게 뭡니까! 옛날 습관을 버리세요!"라고 소리를 지릅니다.

예수 믿는 것, 예수 믿는 자로 살아가는 것이 쉽지 않습니다. 예수님을 영접한 후 그분을 내 안에 모시고 말씀으로 살아가는 것이 쉽지 않습니다. 우리에게는 자꾸 쉬운 쪽으로 돌아가려고 하는 성향이 있어서 예수님을 따르면서도 옛 습성이 나오기 때문입니다. 특히 인생이 힘들고 버거울 때면 어김없이 옛 성품과 옛 습관이 나옵니다.

옛 습성을 이기려면 몸에 익숙해진 습관을 대체할 강력한 새로운 습관을 만들어야 합니다. 그것이 '배움'입니다. 익숙해질 때까지 이 배움이 우리의 삶에 녹아들어야 제자로 살아갈 수 있습니다.

그래서 이 배움은 엄격해야 하고, 또 하나 중요한 것은 열망입니다. 말씀을 배우려는 열망과 더불어 이 말씀을 살아가려고 하는 열망이 살아 있지 않으면 이 삶을 살아가기가 어렵습니다.

우리가 새벽에 말씀을 묵상하는 이유, 함께 모여 소그룹에서 신앙을 나누는 이유, 말씀 안에서 삶의 습관과 성품을 만들어가려고 애쓰는 이유는 모두 몸에 배서 나도 모르게 나오도록 하려는 것입니다. 의식하지 않은 순간에 그 배움이 나타나는 것이 배움을 가장 강력하게 만듭니다.

주님을 따르기로 결심하고 처음에는 의식적으로 주님의 발을 따라가려고 노력하지만, 제자로 주님의 말씀을 따라 사는 것이 어렵기 때문에 내가 맞는지 혼란스러울 때도 있고, 힘들 때마다 나도 모르게 나오는 옛 성품과 습관에 좌절하기도 할 것입니다. 그런데 진정한 제자가 되고 나면, 어느 날 내가 걸었던 발걸음을 되돌아볼 때 주님의 발자국과 닮아 있는 것을 보게 될 것입니다.

마지막 순간에 여전한 옛 성품으로 죽음을 맞는다면 얼마나 불행한 일입니까. 저는 그것이 참 두렵습니다. 끝까지 이 길을 가고, 내 인생을 돌아보며 '내가 틀리지 않았구나. 내가 잘 살았구나' 생각할 수 있는 참 복된 인생이 되기를 소망합니다.

또한 목회자로서, 하나님의 마음을 따라가는 교회, 하나님이 기뻐하시는 교회의 모습으로 꿈꾸는 것이 있습니다. 교회 안에 제자의 삶을 '배우는' 사람이 아니라 그 삶을 '사는' 사람이 늘어나기를 바랍니다. 내가 그리스도를 닮은 삶을 산다면, 나를 닮아가는 사람 때문에 "I am so glad"라고 말할 수 있어야 하지 않겠습니까?

우리 교인들과 독자들이 하나님의 마음을 배워 하나님의 마음을 살아가는 배움의 열정이 끊이지 않고, 그 배운 말씀대로 살아가기로 결단하고 그렇게 살아내는 것을 보며 사도 바울의 마음으로 기뻐할 수 있기를 꿈꿉니다.

11
Chapter

네 가정에서
보고 싶은 모습이 있단다

창세기 27장 26-29절

그의 아버지 이삭이 그에게 이르되 내 아들아 가까이 와서 내게 입맞추라 그가 가까이 가
서 그에게 입맞추니 아버지가 그의 옷의 향취를 맡고 그에게 축복하여 이르되 내 아들의
향취는 여호와께서 복 주신 밭의 향취로다 하나님은 하늘의 이슬과 땅의 기름짐이며 풍성
한 곡식과 포도주를 네게 주시기를 원하노라 만민이 너를 섬기고 열국이 네게 굴복하리니
네가 형제들의 주가 되고 네 어머니의 아들들이 네게 굴복하며 너를 저주하는 자는 저주를
받고 너를 축복하는 자는 복을 받기를 원하노라

가정을 주신 하나님의 마음

요즘처럼 가정에 관해 이야기하는 게 어려운 때가 없습니다. 기존에 생각하던 '가정'을 일률적으로 '가정'이라고 정의할 수 없게 되었기 때문입니다. 가정이라는 개념 자체가 모호해진 시대를 살아가고 있습니다.

한 교인의 이야기입니다. 결혼한 지 몇 년이 되어도 아이를 갖지 않는 딸에게 아이를 낳으라고 이야기하는 것이 눈치가 보이더랍니다. 하루는 딸이 "아빠, 아빠는 왜 아이를 낳았어?" 하고 묻길래 "응, 아빠는 결혼하고 아이를 낳는 게 당연하다고 생각했고, 그렇게 너희를 낳고 가정을 이뤘지!"라고 대답했는데 아이를 갖는 것을 비롯해 자기 세대가 당연하게 생각했던 것이 요즘 젊은 세대에게는 당연하지 않다는 것을 깨달았답니다.

그런데 가정에 관한 이야기는 이 정도의 문제가 아닙니다. 2022년 통계에 의하면, 가정을 이루는 구성원과 형태 가운데 '1인 가정'이 가장 높은 비율을 차지하고 있다고 합니다. 결혼의 형태를 취하지 않는 가정이 늘어나고 있고, 심지어 '비혼 선언'이라는 것도 심심치 않게 접하게 됩니다.

한 기업체에서는 근속 5년 이상 만 38세 된 사람들이 비혼을 선언하면 기본급 100퍼센트에 5일의 유급 휴가를 주고, 어떤 기업에서는 근속 5년에 만 40세가 넘은 사람이 비혼을 선언하면 축하금 100만 원과 유급 휴가 5일을 준다고 합니다.

결혼한 사람에게 주는 동일한 축하금을 비혼 선언을 한 사람에게도 준다는 것이지요. 요즘은 오히려 비혼 선언한 사람들이 아이를 낳을 수 있도록 유도하는 시대입니다. 참 놀라운 세상을 살아가고 있습니다.

20여 년 전에는 저녁 예배가 있었는데, 한 번은 특별행사로 '다시 하는 결혼 서약'이라는 주제를 가지고 결혼한 사람들이 다시 결혼 서약을 하는 예배를 드린 적이 있습니다.

요즘 그런 예배를 드린다면 아주 편협한 인식을 가진 사람으로 여겨질 것입니다. 오히려 결혼하지 않은 세대, 아이가 없는 세대, 다시 가정을 이룬 세대가 참 많기에, 그들을 인정하고, 이들을 향한 하나님의 마음이 무엇인지를 변증해야 하는 어려운 시대에 서 있습니다.

그런데 이 시대를 살아가는 사람들에게 여러 형태의 가정을 통해 기독교 신앙을 변증하는 설교도 중요하지만 하나님은 어떤 마음으로 이 땅 위에 가정을 만들어주셨는지, 그 하나님의 마음을 아는 것도 중요하겠다는 생각이 들었습니다.

'가정'이라는 것이 당신에게 해당되지 않을 수도 있고, 마음이 조금 불편할 수도 있어요. 그러나 그 불편함보다 더 중요한 것은 성경이 우리에게 이야기하는, '가정을 바라보시는 하나님의 마음'입니다.

하나님이 이 세상을 창조하시고, 결혼제도를 허락하시고, 자녀를 축복하신 이유가 있습니다. 하나님께서 만드신 이 세상을 잘 보존하고 그다음 세대로 이어가는 사명을 우리에게 주셨다는 것입니다.

물론 성경에도 결혼하지 않고 하나님의 일을 감당한 사람들이 나오고, 자녀가 없었던 가정도 존재합니다. 그러니 하나님의 마음은 우리가 한 가지 형태의 가정을 가져야 한다고 주장하거나 설명할 수 있는 것은 아닙니다. 중요한 것은, 이 가정을 향한 하나님의 마음이 어떤 것이냐는 겁니다.

하지만, 가장 보편적인 가정의 모습이 무엇인지를 아는 것은 더욱 중요할 것 같습니다. 우리에게 가정을 허락하셨을 때, 하나님은 우리의 가정이 행복하기를 원하지 않으셨을까요? 그런 행복은 어떻게 만들 수 있는 것일까요?

자녀들은 친밀한 관계를 원한다

유대교 랍비인 예수 벤 시라크는 "아버지의 축복은 아들의 가정을 세워주고, 어머니의 축복은 그 가정을 좋은 것들로 채워준다"라고 말했습니다.

가정에는 아버지의 역할과 어머니의 역할이 있는데 야곱은 아버지, 에서는 어머니의 사랑을 받지 못했습니다. 아들들이 부모의 사랑을 고루 받지 못하고 친밀함을 잃어버린 이 가정 안에는 역기능적인 일들이 일어납니다.

야곱이 쌍둥이 형 에서의 모습으로 변장하고 눈이 어두운 아버지에게 가서 장자의 축복을 가로챕니다. 당시 이스라엘의 풍습에는 아버지가 장자에게 축복기도를 했고, 그 축복은 한 번에 그치는 것이었어요. 이것을 알게 된 에서는 소리 내어 울며 "내 아버지여 내게 축복하소서 내게도 그리하소서"(창 27:34)라고 부르짖습니다.

축복받지 못한 아들의 절규를 통해 아버지와 축복의 관계를 맺지 못한 아들의 아픔에 주목하고 싶습니다. 제가 30여 년 목회하는 동안 깨닫게 된 것이 있습니다.

성도들 가운데 어떤 부분에 아주 예민하게 반응하거나 목소리가 높아지는 사람, 혹은 상당히 말이 많은 사람들을 가만히 보면 그 속에 상처가 있다는 거예요. 대개 가정에서 어렸을 때부터 받았던 상처가 어떤 순간이 되면 방어기제가 되기도 하고, 예민한 반응으로 나타나는 것을 보게 됩니다.

성공한 사역자였던 잭 프로스트 목사는 어린 시절, 매우 엄격했던 군인 출신 아버지와 심한 관계의 문제를 겪다가 반항으로 집을 나가 마약 중독자가 되었습니다.

아버지의 인정도 받지 못했고, 집을 나간 후 끊임없이 찾아와 자신을 사랑한다고 고백한 아버지의 사랑도 받아들이지 못한 그는 상처를 안고 살아갔습니다.

그 상처 때문에, 나중에 목회자가 되어서도 '친밀한 관계'가 무엇인지를 몰랐고, 열심히 사역했지만 자신의 상처를 똑같이 아내와 자식에게도 주는 사람이 되고 말았습니다.

그러한 그의 아픔 가운데 다가오신 하나님의 사랑이 있었습니다. '탕자의 비유'(누가복음 15장)를 묵상하다가 그는 이 말씀이 '돌아온 탕자' 아들의 구원이 아니라 아들을 끊임없이 참고 기다려준 아버지의 사랑과 은혜에 관한 이야기라는 것을 깨닫습니다.

'탕자'를 영어로는 'prodigal son'이라고 하는데 'prodigal'은 '탕자'라는 뜻도 있지만 '아낌없이 주거나 소비하는'이라는 뜻도 있습니다. 아들은 아버지와의 교제와 친밀함을 소중히 여기지 않고 자기중심적으로 재산을 가지고 떠났지만, 아버지는 그 아들에 대해 끝까지 그 관계를 포기하지 않고 '아낌없이' 은혜를 베풉니다.

실제로 누가복음 15장 11절은 "어떤 사람에게 두 아들이 있는데"로 시작합니다. 이미 아들로 불리었으나 아버지를 떠나 있었던 우리에게 끝까지 은혜와 사랑을 베푸시는 하나님 아버지의 이야기가 바로 '탕자의 비유'라는 것입니다.

자신을 끝까지 기다려주시고 함께하셨던, 한없이 허비하시는 아버지의 사랑을 경험하면서 잭 프로스트는 자신을 향한 하나님의 사랑을 고백하게 되었고, 아버지와의 관계가 회복되고 상처가 치유되기 시작했습니다.

우리를 생각해봅시다. 얼마나 많은 것을 원하고, 원하는 것들이 이루어지지 않고 지연될 때 얼마나 하나님을 원망하고 떠나 있었습니까! 그러나 끝까지 은혜를 베푸시는 아버지는 우리를 기다리고 계셨습니다.

교회와 신앙 공동체에서 축복받고 병이 낫고 기사와 이적이 일어나는 것보다 더 중요한 것은 하나님과의 친밀한 관계가 회복되는 것입니다. 그 친밀함이 회복될 때 가정이 회복되고 부모와 자녀의 관계가 회복될 수 있습니다.

우리를 향한 하나님 아버지의 마음, 가정을 향한 하나님 아버지의 마음을 우리가 알 때 이 회복의 역사가 일어납니다. 믿음이 우리에게 중요한 이유는, 우리와 하나님의 관계가 바로 될 때 우리 가정의 문제가 회복될 수 있기 때문입니다.

자녀를 사랑으로 안아주어라

복된 가정을 만들기 위해서 무엇을 해야 할까요? 혹시 당신이 지금 혼자 살고 있으며 가정과 자녀가 없을 수도 있지만, 모든 사람에게는 부모님이 있고, 어쩌면 형제자매가 있을지도 모릅니다. 자식을 낳지 않으면 이 인류는 존재할 수 없기에, 인류가 존재하는 한 부모와 자녀의 관계는 끊어지지 않고 이 땅에 가족이 여전히 존재할 것입니다.

그렇다면 결국 우리가 살아가는 동안 만나게 될 가정을 어떻게 복되게 만들어갈지는 굉장히 중요한 일입니다. 저는 애정 어린 접촉과 말의 중요성을 이야기하려 합니다.

> 그의 아버지 이삭이 그에게 이르되 내 아들아 가까이 와서 내게 입맞추라 그가 가까이 가서 그에게 입맞추니 아버지가 그의 옷의 향취를 맡고 그에게 축복하여 이르되… **창 27:26,27**

이삭이 야곱을 축복하는 모습을 보세요. 이것은 아버지가 아들에게 축복을 비는 전통적인 모습입니다. 야곱이 축복을 받는 과정 가운데 아버지와의 접촉이 이루어지고 있는데, 당시 그들의 문화권에서는 "입 맞추라"라고 이야기했어요.

성경에 나오는 많은 축복은 애정 어린 접촉을 통해 이루어집니다. 창세기 48장에서 요셉이 자신의 두 아들을 야곱에게 데리고 가서 축복해달라고 하자 야곱은 입 맞추고 그들을 안아줍니다(10절).

네 살짜리 꼬마 소녀가 폭풍이 치는 한밤중에 무서움에 떨고 있습니다. 번개가 내리치는 순간, 아이는 침대에서 뛰어내려 쏜살같이 달려가 부모의 품에 안깁니다. 아빠가 아이의 무서움을 달래주려고 애를 쓰며 말합니다.

"우리 예쁜이, 무서워하지 마. 항상 네 곁에 계시는 예수님이 너를 보호해 주신단다."

그러자 아이가 이렇게 말합니다.

"아빠, 그건 저도 알아요. 하지만 지금은 나를 안아줄 사람이 필요하단 말이에요!"

믿는 부모가 "하나님이 너를 지켜주실 거야. 너와 함께하셔" 이런 말을 자녀에게 많이 하는데 진짜 중요한 건 내 자녀에게 엄마아빠의 사랑이 필요한 순간 그 사랑을 줄 수 있어야 한다는 것입니다.

우리는 신앙생활은 열심히 하지만 가정에서는 책임적인 삶을 살지 못하는 우를 범하기도 합니다. 가장 중요한 건 우리에게 맡겨진 자녀를 최선을 다해 양육해야 한다는 사실입니다.

이 시대는 젊은 세대가 아이를 낳고 살아가기가 참 힘듭니다. 아주 드문 경우지만, 돌봐달라고 맡긴 어린이집에서 아이가 학대받고, 심지어 죽는 뉴스가 간혹 들려오곤 합니다.

이러한 상황 뒤에는 아이들을 맡기지 않으면 가정 경제를 끌어갈 수 없는 젊은 부모들의 안타까운 현실이 있습니다. 이것을 제대로 하지 못한 우리 기성세대의 책임이 분명히 있어요. 당연히 나라가, 기성세대가, 그리고 교회와 사회적 안전망이 아이를 낳고 키울 수 있도록 만들어줘야 합니다.

요즘 미국과 독일에서는 젊은 부모들 사이에 아이들을 맡기기보다는 부모들이 직접 돌보자는 운동이 일어나고 있다고 합니다. 물론 어쩔 수 없이 아이들을 맡겨야 하는 상황도 있습니다. 그런데 아무리 힘들고 어려워도, 우리 자녀에게 애정의 접촉이 필요한 순간 우리는 그 사랑을 주어야 합니다. 그러지 않는다면 역기능적인 가정이 될 수도 있습니다. 아이들에게 가장 중요한 것은 부모와의 친밀한 접촉입니다.

애정 어린 접촉의 중요성

26절에서 이삭이 아들과 입 맞춘 뒤 그의 옷의 향취를 맡고 축복합니다. 우리 문화권에서 볼 때는 늙은 아버지와 젊은 아들이 입 맞추는 모습이나 옷의 향취를 맡는 모습이 그렇게 아름답게 느껴지는 않을 수도 있습니다. 그러나 그 애정 어린 접촉이 필요합니다.

울고 뛰어다니는 아기, 사춘기 자녀를 키우는 게 사랑스럽기만 하지는 않습니다. 그런데 그 시기를 지나가는 아이들에게 애정 어린 접촉이 필요하다는 거예요. 하나님께서 우리에게 허락해주신 가정, 우리의 부모와 자녀이기 때문입니다.

애정 어린 접촉이 왜 축복이 될까요? 우리 몸에는 500만 개가 넘는 교감신경이 있습니다. 그중 3분의 1이 우리 손에 집중되어 있습니다. 우리의 손은 매우 민감합니다.

우리 어릴 때 배앓이를 하면 엄마나 할머니가 "엄마(할머니) 손은 약손~" 하며 배를 쓸어주셨는데 그러면 신기하게도 아픈 배가 낫곤 하지 않았습니까? 이것을 의학적으로는 '플라세보 효과'(placebo effect)라고 합니다. 일종의 암시 효과인데 엄마(할머니)가 배를 만져주면 나을 거라는 아이의 믿음이 통증을 줄여준다는 것이죠.

그리고 "엄마 손은 약손"이라는 다정한 음성이 아이에게 안정감을 주고, 엄마 손의 따뜻한 체온이 피부에 전달되면서 혈관을 확장시켜 혈류를 증가시키고, 근육과 내분비 호르몬을 자극해 세포 활동을 활성화하며, 몸의 자체 회복 능력을 키워준다고 합니다.

야곱이 요셉의 아들인 에브라임과 므낫세를 안수할 때 "오, 아이들 몸에 혈류가 증가했어!"라고 알았겠습니까? 그들에게는 단지 할아버지의 애정 어린 접촉이 있었을 뿐입니다. 그러나 그 접촉을 통해 축복이 전달되는 것이지요.

저는 특별한 기도회 같은 데서 교인들에게 손을 얹고 안수기도를 할 때 '진액이 빠진다'라는 느낌을 받습니다. 그냥 대충 접촉하는 데서는 이런 것을 느끼지 못하지만, 손을 얹고 예수의 이름으로 간절히 기도할 때 그로 인해 제 속에 있는 기운이 빠져나가는 것을 느낍니다.

요즘은 누군가를 터치하는 것을 굉장히 조심해야 합니다. 불쾌하게 여겼다 하면 성추행이 될 수 있어서 부교역자들에게도 교인들과 접촉하는 것에 늘 조심하라고 당부합니다.

하지만 저는 교회 로비에서 어린이들이 인사할 때 가능하면 그 아이들의 머리를 쓰다듬어주고 만져주려 합니다. 욕망의 성적 접촉이냐 아니면 애정 어린 사랑의 접촉이냐는 만지는 사람이 알고, 접촉을 받는 사람이 느낍니다.

　정말 애정 어린 접촉과 기도하는 마음으로 손을 얹는 것은 굉장히 중요한 일인데, 이것은 단순히 접촉의 문제가 아니라 아주 중요한 성경적 축복의 원리이기도 합니다.

　사람들이 예수께서 만져주심을 바라고 어린 아이들을 데리고 오매 제자들이 꾸짖거늘 예수께서 보시고 노하시어 이르시되 어린 아이들이 내게 오는 것을 용납하고 금하지 말라 하나님의 나라가 이런 자의 것이니라 …그 어린 아이들을 안고 그들 위에 안수하시고 축복하시니라

막 10:13,14,16

　예수님이 그냥 기도하셔도 되는데 아이들을 안고, 그들에게 손을 얹으며 축복하셨습니다. 이런 접촉들이 우리 안에 일어나야 합니다. 당신의 가정에도 애정 어린 접촉이 많이 일어나야 하고, 가정에서 이 사랑이 충족되어야 합니다.

　어떤 설문에서 아내들에게 "남편에게 어떤 신체적 접촉을 받았을 때 가장 행복감을 느끼는가?"라고 물었더니 1위가 '부엌에서 일할 때 가만히 뒤에서 안아주는 것'이었다고 합니다.

　저는 아침에 일어나면 제 아내와 어김없이 꼭 껴안고 뽀뽀를 합니다. 나이 60에 말입니다. 그런데 그것이 제 아내와 제가 행복하게 살아가는 아주 중요한 비결이라고 생각해요. 애정 어린 접촉은 삶을 참

행복하게 만들어줍니다.

당신의 삶에도 적용해보길 바랍니다. 하나님께서 애정 어린 접촉을 통하여 축복이 내려갈 수 있도록 성경을 통해 우리에게 말씀하고 계시기 때문입니다.

지금 사랑을 말하고 축복하라

자녀를 위해 혹은 가족 간에 사랑과 축복을 표현함에 있어서 가장 큰 장애는 '내일 이야기하면 되지'라는 생각입니다. 다음에 하면 된다고 생각하며 지금 이야기하지 않고, 가정이 경제적으로 안정되고 뭔가를 이루어 놓으면 함께하는 시간을 가지리라고 생각합니다.

'지금은 시간이 없어. 내일 시간을 내야지!'라는 생각이 오늘 우리 가정에서 자녀에게 해줄 축복의 말들을 빼앗아 가고 있다는 사실을 아십니까?

딸에게 하고 싶은 이야기, 축복의 말을 결혼식 날 해주려고 생각하는 어머니가 있나요? 그날은 드레스 입고 손님 맞고 하느라 말할 시간도 없고, 딸이 엄마는 신경도 안 씁니다.

'아들이 군대 갈 때 이 이야기 꼭 해줘야지' 하는 아버지가 있나요? 군대 가는 아들이 전날 밤에 집에도 안 들어오고 만날 수도 없어요.

자녀가 좋은 대학 가고 좋은 직장 잡으면 그때 행복한 관계가 유지될 것 같습니까? 그때는 이미 늦습니다. 당신의 마음속에 있는 그 이야기, 지금 해야 합니다. 믿음의 언어로 하세요. 그것이 가정을 복되게 만듭니다.

크리스천 교육가인 하워드 핸드릭스 박사가 이혼을 심각하게 고민하는 20년차 부부를 상담하며 남편에게 물었습니다.

"아내에게 마지막으로 사랑한다는 말을 언제 했습니까?"

"결혼식 날에 아내에게 사랑한다고 말했지요. 내 입으로 그 말을 취소할 때까지는 유효합니다."

내 마음을 표현하지 않으면 관계가 삭막하고 힘들어집니다.

이 글을 준비하면서 저도 '나는 우리 가족에게 구체적으로 어떤 축복의 말들을 했는가? 나는 어떤 아버지, 어떤 가장, 어떤 아들이었는가?'를 생각해보게 되었습니다.

제 아버지는 뇌경색으로 쓰러졌다가 회복되셨는데 2년 후 갑자기 심장마비로 돌아가셨습니다. 그렇게 갑자기 돌아가실지 몰랐어요. 아버지에게 한 번도 "아버지, 사랑해요"라는 말을 해드리지 못한 것이 너무 마음 아팠습니다.

돌아가신 어머니에게도 "어머니는 아들인 저에게 참 좋은 엄마였어요"라는 얘기를 한 번도 못 해드렸어요. 말하지 못한 안타까움과 함께 너무 안쓰러웠던 쇠약한 부모님의 모습이 제 마음에 큰 아픔으로 남아있습니다.

제게는 30여 년 장애를 앓고 있는 딸이 있는데 그 딸이 결혼할 때 제가 〈그네〉라는 가곡을 축가로 불러주었습니다.

세모시 옥색치마 금박 물린 저 댕기가

창공을 차고 나가 구름 속에 나부낀다

제비도 놀란 양 나래 쉬고 보더라

평생 장애를 가지고 살아왔던 딸이 그네를 타고 훌훌 날았으면 좋겠다는 마음이었어요.

그런데 노래를 부르려니 제 아내가 생각나더라고요. 지난 30년 동안 딸을 돌보며 늘 매여 있었던 아내, '이제는 딸이 아니라 그네를 타고 훨훨 날아라' 하는 심정이 되면서 아내에게 너무 감사했습니다.

그리고 딸이 약 부작용으로 힘들 때 제가 딸의 얼굴을 때렸던 일, 그게 너무 마음 아파 딸 앞에 무릎을 꿇고 "아빠가 미안해. 너무 잘못했어"라고 용서를 빌었던 일이 생각났습니다.

또 늘 누나를 돌보며 양보하고 살았던 아들에게 "난 네가 너무 자랑스럽고 고마워"라고 말했던 것도 생각나면서 제가 우리 가족에게 그 말을 할 수 있었던 게 너무 감사하고 좋았습니다.

당신의 가정에 지금 칭찬과 사랑의 말이 없어 가족들이 굶주려 있다는 생각을 해본 적이 있나요? 당신의 자녀가 지금 부모님께 인정받고 싶어 한다는 생각을 해보았나요? 아이들은 "잘한다 잘한다" 하면 더 잘하지요.

당신에게 말씀으로 도전합니다. 자녀에게 애정 어린 접촉을 하고, 당신의 입술로 고백하며 그 사랑을 이야기해 보세요. 자녀에게, 그리고 가정에 소망을 두고 축복을 표현하십시오.

부모의 축복은 예언이 된다

제 이름은 '김. 병. 삼'입니다. 학창 시절에 내 이름은 너무 촌스럽다는 생각을 많이 했는데 어느 날, 제 이름에 관해 듣게 되었습니다. 저는 광산 김씨이고, 불꽃 '병'(炳) 자 돌림입니다. 그 돌림자 뒤에 아버지가 석 '삼'(三) 자를 써서 '병삼'으로 지으셨어요.

촌스럽잖아요. 석 삼 자, 병삼. 그런데 아버지는 제가 목사가 되었으면 좋겠다고 생각해서 성부, 성자, 성령의 삼위일체를 생각하고 석 삼 자를 쓰신 거였어요. "병삼아!"라고 부를 때마다 저는 불꽃 '병'(炳) 자에 석 '삼'(三) 자로 불리는 것이지요.

제가 초등학교 3학년 때 어머니가 "너는 밥을 먹을 때마다 '하나님, 이 양식 먹고 하나님의 귀한 종 되게 해주세요'라고 식사 기도를 해라"라고 말씀하셨는데 그 후로 그게 습관이 되었습니다.

제가 육순이 되었는데 오늘 아침에도 밥 먹을 때 "하나님, 이 양식 먹고 귀한 종 되게 해주세요"라고 기도했습니다. 세월이 지나고 가만히 보니까 내가 입술로 고백하고 기도하는 것이 너무너무 중요한 일이라는 것을 알게 되었습니다.

지금 당신이 자녀와 가족들을 향해 말하는 미래의 언어들이 얼마나 귀한지 아십니까? 만일 당신이 문제점과 단점만을 지적해서 말한다고 해봅시다.

"너는 애가 왜 매일 그 모양이냐? 그래서 밥이나 먹고 살겠냐? 그렇게 공부하기 싫으면 학교 그만두고 집 나가서 일이나 해!"

이 모든 말이 예언적인 말이 될 수 있음을 알아야 합니다. 당신이 자녀를 향하여 내뱉는 말 혹은 축복의 언어가 얼마나 중요한지 깨닫고 귀한 말을 하며 살아가길 바랍니다.

우리는 종종 아주 특별한 사람들의 이야기를 접하게 됩니다. 마라톤을 통해 유명해진 자폐아 배형진 군, 세계 장애인 선수권에서 금메달을 딴 수영 선수 김진호 군, 혼혈로서 인종차별과 편견을 이겨낸 슈퍼볼 최우수선수 하인즈 워드….

이들의 부모님들에게는 공통점이 있습니다. 현실의 상황에 머물러 있지 않고 미래의 소망을 자식들에게 이야기했다는 점입니다.

…내 아들의 향취는 여호와께서 복 주신 밭의 향취로다 하나님은 하늘의 이슬과 땅의 기름짐이며 풍성한 곡식과 포도주를 네게 주시기를 원하노라 만민이 너를 섬기고 열국이 네게 굴복하리니 네가 형제들의 주가 되고 네 어머니의 아들들이 네게 굴복하며 너를 저주하는 자는 저주를 받고 너를 축복하는 자는 복을 받기를 원하노라 **창 27:27-29**

아들을 향한 아버지 이삭의 제사장적인 축복 기도를 보십시오. 이 축복 또한 아들의 현재 모습이 아니라 그의 미래를 바라보며 한 말입니다. 그런데 결국 이삭의 말대로 야곱이 위대한 족장이 되고, 그의 열두 아들이 이스라엘의 12지파를 이루지 않았습니까? 이것이 축복의 언어입니다.

오늘 당신에게 도전합니다. 자녀의 미래를 바라보며 그들의 특별한 가치를 구체적으로 표현하여 축복하십시오. 당신은 무심히 이야기하지만, 자녀들은 부모의 말을 통해 예언적인 말을 듣게 됩니다. 오늘 당신이 만나는 모든 사람이 당신의 입술로 선포되는 말을 통해 예언적 메시지를 듣게 되길 바랍니다.

기다림과 맡김의 축복

가정에서 훈련되어야 하는 부분들이 있습니다. 서로서로 본질적 가치를 인정하는 말을 자주 하는 것입니다. 본질적 가치를 인정한다는 것은 하나님의 이름으로 그 존재를 축복한다는 것입니다.

장래를 축복하는 것에는 '현실에서의 기다림'이 필요합니다. 때로는 기다림이 축복이요 사랑입니다.

아이가 신을 신을 때 늦게 신는다고 구박하거나 대신 신겨주는 것이 아니라 신을 신을 때까지 기다려주는 것입니다. 아이가 넘어져 울고 있을 때 일으켜 세우거나 핀잔을 주는 것이 아니라 스스로 일어나 걸을 때까지 기다리고 격려해주는 것입니다.

축복의 말 다음에는 모든 것을 하나님께 맡겨야 합니다. 저는 이것을 '헌신'이라고 표현하고 싶습니다. 우리가 할 바를 다 하면 그 다음은 하나님께 있는 것입니다. 하나님은 우리의 삶과 기도를 통해 역사하시는 분이기 때문입니다.

2023년 성지순례에 남경필(前 경기도지사) 집사님도 함께 갔는데 작은아들에게서 형이 마약을 한 것 같다는 전화를 받았습니다. 이미 가족 간에 약속된 바가 있어서 약속대로 신고했지만 구속 영장이 기각되었습니다.

집사님은 자신이 집에 있었으면 구속이라도 시켰을 텐데 성지순례에 와 있어서 아무것도 할 수 없는 상황이라 울며불며 부르짖어 기도할 수밖에 없었습니다. 그런 그에게 하나님께서 말씀하셨다고 합니다. "얘, 네가 3년 동안 별짓 다 해봤지. 안 되지. 이거 네가 할 수 있는 일이 아니야. 이거는 나한테 맡겨"라고요.

그가 나중에 고백하기를, 그때 "하나님, 제 힘으로 할 수 있는 게 없어요. 하나님께 제 아들을 맡깁니다" 하는 순간 놀라운 평안을 맛보았고, 무거운 짐을 하나님께 맡긴다는 것이 무엇인지를 정말 체험하게 되었다고 합니다.

그 아들을 하나님께 맡겼다고 그 아버지에게서 무거움과 부담감이 사라졌을까요? 그렇지는 않습니다. 여전히 아들 때문에 아프고 힘들어요. 그런데 하나님께서 소망을 주셨다는 거예요. '하나님께서 하신다'라는….

믿음의 가문을 세우는 데는 어떤 어려운 상황에서도 믿음을 가지고 자녀를 지켜내는 아버지의 믿음이 필요하고, 믿음의 눈으로 자녀를 보는 어머니가 필요합니다. 하나님이 내 자녀의 진정한 부모이심을 인정하고 맡기는 부모의 믿음이 필요합니다.

요게벳은 믿음의 눈으로 모세가 하나님의 귀한 자녀임을 보았고, 믿음으로 모세를 갈대 상자에 넣어 떠나 보냈습니다. 한나는 사무엘을 낳은 후 그를 여호와께 드리되 그의 평생을 여호와께 드리나이다"(삼상 1:28) 하고 서원합니다.

자녀의 평생을 여호와께 드리는 고백은 그리스도인 부모의 특권입니다. 우리는 자녀가 내 소유가 아니라 하나님께서 내게 맡겨주신 선물이라는 사실을 분명히 알아야 합니다. 그러므로 자녀를 내가 마음대로 만들어가는 것이 아니라, 하나님의 형상을 찾아 헌신된 자녀가 되게 해야 합니다.

자녀를 하나님께 드리면 허전할 것 같지만, 오히려 가장 안전하게 양육하는 것입니다. 하나님을 예배하는 자녀가 하나님의 뜻을 따라 살아가고, 그 뜻 안에서 자신의 진로를 발견한 자녀는 하나님의 영광을 위해 살아갈 것이기 때문입니다.

하나님을 신뢰함으로 축복하라

이삭의 축복에서 우리가 기억할 것이 있습니다. "하나님이 너를 축복하기를 원하신다"라는 말입니다. 현명한 부모는 자녀에게 축복을 베푸는 이 습관을 모델로 삼을 필요가 있습니다. 그리고 이렇게 축복할 때, 모든 힘은 전능하신 하나님으로부터 말미암는다는 것을 인식하고 인정해야 합니다.

이삭은 그의 삶에서 신실하신 하나님을 경험했습니다. 우물을 팔 때마다 빼앗기고 쫓겨났지만 그곳에서 우물을 파면 또 물을 주시는 하나님을 경험했습니다. 하나님께서 기름짐과 풍성함을 허락해주심을 경험한 그는 자신이 경험한 하나님을 신뢰하며 아들을 축복한 것입니다.

행복한 가정을 위한 하나님의 마음을 알면 우리 가슴이 뜁니다. 또한 당신의 가정을 향한 하나님의 마음을 알게 되면 당신도 뛰는 가슴으로 당신의 가정을 위하여 기도할 수 있을 것입니다.

하나님은 당신과 당신의 가정을 향해 "행복해라. 너희 가정이 복되었으면 좋겠다. 화목하고 평안했으면 좋겠다"라는 마음이시며, 하나님을 믿는 가정은 이렇게 살아간다는 것을 세상 사람들에게 보여줄 수 있기를 바라십니다.

예전에는 자기가 동성애자인 것을 드러내는 것을 '커밍아웃'이라고 했는데, 요즘은 그리스도인인 것을 드러내는 것을 '크밍아웃'이라고 한다고 합니다.

당신이 "나는 그리스도인입니다"라고 이야기할 때 당신을 바라보는 사람들에게 '그래, 하나님을 믿는 가정과 하나님을 믿는 사람들은 이렇게 살아가는구나'라는 것을 보여줄 수 있다면 이것은 큰 축복이라고 생각합니다.

오늘 당신이 이 믿음을 가지고 축복할 수 있는 날이 되기를 바랍니다. 말씀에 순종하는 당신을 통해, 하나님이 맡겨주신 복이 당신의 가정에서 이루어지기를 소망하며 축복합니다.

저는 하나님을 믿는 우리 크리스천들의 가정이 행복했으면 좋겠습니다. 예수를 믿는 것이 당신에게 기쁨이 되고, 당신의 삶을 변화시켜 주었으면 좋겠어요. 그러니 당신이 말씀대로 살기를, 오늘부터 애정 어린 접촉과 축복의 말을 시작하기를 간절히 바랍니다.

12
Chapter

너희 가정은
무엇을 중심으로 서 있니?

신명기 6장 4-7절

이스라엘아 들으라 우리 하나님 여호와는 오직 유일한 여호와이시니 너는 마음을 다하고
뜻을 다하고 힘을 다하여 네 하나님 여호와를 사랑하라 오늘 내가 네게 명하는 이 말씀을
너는 마음에 새기고 네 자녀에게 부지런히 가르치며 집에 앉았을 때에든지 길을 갈 때에든
지 누워 있을 때에든지 일어날 때에든지 이 말씀을 강론할 것이며라

가정과 신앙의 위기 앞에서

많은 사람이 이 시대를 가정의 위기라고 생각하고 있습니다. 그런데 오늘 우리 사회와 교회가 직면한 가정의 문제는 단순한 '위기'가 아니라 심각한 '해체의 위기'입니다. 가정의 문제는 신앙에도 부정적인 영향을 끼칩니다.

2022년에 목회데이터연구소가 〈3040세대 개신교인 신앙의식〉에 관한 조사를 실시했습니다. '가정의 가장 힘든 문제'를 묻는 질문에서 가장 많은 응답은 '직장과 사회생활로 인하여 몸과 마음이 지친다'(71%)였고, 그 다음은 '가사 노동 및 육아 스트레스'(53%)였습니다.

그리고 이러한 가정 문제가 신앙에 미치는 부정적 영향으로 '신앙 자체에 대한 관심이 약화된다'(47%), '교회 출석 대신에 온라인 예배를 드리게 된다'(37%), '교회 봉사를 소홀하게 된다'(30%), '온라인 예배도 드리지 않는 경우가 있다'(27%), '아이들 때문에 예배에 집중하지 못한다'(22%) 등의 답변(복수 응답)이 나왔습니다.

가정의 위기로 행복한 가정을 이루지 못할 때 이것은 신앙과 연관되어 신앙도 점점 약화된다는 사실을 보게 됩니다.

2020년부터 3년 동안 우리는 코로나19 팬데믹을 겪었습니다. 그 시기의 영향으로 요즘 나타나는 현상 중 어린아이부터 노인 세대에 이르기까지 가장 심각한 문제는 바로 '외로움'입니다.

코로나19 기간에 우리는 다른 사람의 도움 없이, 상점에 가지 않고도, 스마트폰을 가지고 혼자 모든 것을 해결하는 경험을 했습니다. 이제는 스마트폰을 통해서 즉시, 어디든, 누구와 연결될 수 있기에 제한된 공간에서도 거기에 만족하며 살아갑니다.

그런데 혼자 모든 것을 해결하다 보니 어느 날 찾아온 것이 '외로움'의 문제였어요. 어느 순간 외로움과 고립된 삶이 더 자연스럽고 익숙하게 되었습니다.

오랫동안 홀로 갇힌 생쥐가 다른 생쥐를 만나면 어떻게 될까요? 반가워하며 친구가 될 것 같은데 뜻밖에도 고립된 생쥐는 다른 생쥐를 '침입자'로 간주해 잔인하게 공격한다고 합니다.

《고립의 시대》(웅진지식하우스)라는 책에서 저자인 노리나 허츠 교수는 이 고립된 생쥐를 스마트폰과 도시의 비대면 시스템, 감시 노동에 갇힌 채 소통 본능을 잃은 우리의 초상으로 보며, 외로움과 고립감이 개인의 문제로 끝나지 않고 또 다른 부분에서 공격성으로 나타날 수 있다는 문제점을 짚었습니다.

이렇게 악순환이 계속됩니다. 가정에서 지친 사람들이 그 지침으로 인해 신앙과 멀어지기 시작하면서 영적으로 회복할 시간과 기회를 잃어간다는 것이죠. 신앙인의 관점으로 볼 때, 부모들의 신앙이 자식들에게 계속 유전되어 간다면. 이 사회가 이렇게 황폐해 가는 것을 어떻게 해결할 수 있을까요?

저는 바로 교회가 이러한 가정의 문제를 감당하며, 우리가 가진 신앙으로 군중 속에서 고립되어 가는 이웃과 가정을 붙잡아 주어야 한다고 생각합니다. 교회 안에서 우리 신앙인들의 신앙이 회복되고 가정이 회복될 때 이 회복으로 인해 사회에 다시 소망을 줄 수 있음을 믿습니다.

믿음의 가문을 세우는 양육자

디모데전후서는 사도 바울이 그의 영적 아들인 디모데에게 쓴 편지입니다. 디모데는 아주 바람직한 신앙의 가정에서 태어나고 양육 받았으며 좋은 일꾼이 되어 바울의 사역을 이어갈 만한 자격이 있는 사람입니다.

> 내가 밤낮 간구하는 가운데 쉬지 않고 너를 생각하여 청결한 양심으로 조상적부터 섬겨 오는 하나님께 감사하고 … 이는 네 속에 거짓이 없는 믿음이 있음을 생각함이라 이 믿음은 먼저 네 외조모 로이스와 네 어머니 유니게 속에 있더니 네 속에도 있는 줄을 확신하노라 **딤후 1:3,5**

바울은 디모데에게 이렇게 말하고 있는 것입니다.

"참 감사하게도 네게는 조상 쪽부터 내려오는 믿음의 씨가 있구나. 너를 보니 네 외할머니와 네 어머니의 믿음이 네 안에 있어. 그것이 내게 얼마나 기쁜 일인지 모르겠어. 네가 믿음의 가문을 이어가고, 너의 청결한 믿음이 대를 이어 내려온 것을 보니 내가 참 기쁘다."

디모데의 축복은 바로 "조상적부터 섬겨 오는 하나님"이 있다는 것이고, 외조모와 어머니의 믿음을 이어받았다는 것입니다. 하나님을 믿는 가정에서 얼마나 교육을 잘 받았는지, 그의 모습에 외할머니 로이스와 어머니 유니게의 신앙이 그대로 투영되고 있다는 것이죠.

우리 교회도 역사가 생기다 보니까 2대, 3대, 4대 신앙생활 하는 분들이 있는데 제가 그들을 보면서 "너를 보니 네 부모님이 생각나는구나" 이런 이야기를 할 수 있다면 정말 복된 가정이라는 생각이 듭니다.

'믿음의 가문'을 이야기하려는 것은, 우리의 삶이 나의 대에서 끝나지 않고, 가문이란 나 한 사람의 문제가 아니며, 하나님은 우리 자손 대대로 축복하기를 원하시기 때문입니다.

믿음의 가문을 세우기 위해서는 아버지의 '제사장적'인 역할도 중요하지만 신앙적으로 양육하는 어머니의 역할도 소중합니다. 이 장에서는 어머니의 소중한 역할을 생각해보려고 합니다.

시대가 아무리 변해도 가정과 자녀에게 직접적인 영향을 주는 것은 함께하는 시간이 많은 어머니가 아닐까요? 그런데 이제는 그 역할에도 전통적인 개념과는 차이가 좀 있는 것 같습니다. 요즘은 남자들이 육아 휴직을 하고 자녀를 돌보기도 하고, 조부모님이 아이들을 돌봐주기도 하지요.

모성애가 부성애보다 강하다는 통념이 있는데 요즘은 꼭 그렇지도 않은 것 같습니다. 우리 교회 젊은 부부 모임에 갔을 때 보니까 아이들을 안고 있는 사람이 열에 아홉은 아빠였고, 아이가 울면 데리고 나가는 것도 다 아빠였어요. '어, 내가 다른 세상에 살고 있구나' 하고 많이 놀랐습니다.

그래서 여기서는 물리적인 어머니라기보다는, 엄마가 됐든 누가 됐든, 애정을 가지고 자녀를 돌보고 있는 사람에 관한 이야기가 될 것 같습니다. 자, 그렇다면 자녀와 가장 많은 시간을 보내야 하는 사람들이 어떻게 자녀를 잘 양육할 수 있을까요?

믿음의 어머니가 필요하다

위대한 믿음의 사람들에게는 신앙의 어머니가 있었습니다. 감리교회의 창시자인 존 웨슬리를 이야기할 때마다 그의 어머니 수산나 웨슬리가 빠지지 않고, 유명한 성 어거스틴의 이야기를 할 때마다 눈물의 어머니 모니카를 이야기하지 않을 수 없습니다.

위대한 성경의 인물도 마찬가지입니다. 디모데에게 외할머니 로이스와 어머니 유니게가 있었듯이 모세에게는 요게벳, 사무엘에게는 한나라는 믿음의 어머니가 있었습니다.

모세의 어머니 요게벳이 그의 아들 모세를 돌보았던 믿음의 모습을 보시기 바랍니다. 어머니의 믿음이 얼마나 위대한지요.

> 그 여자가 임신하여 아들을 낳으니 그가 잘생긴 것을 보고 석 달 동안 그를 숨겼으나 **출 2:2**

당시 애굽에서는 히브리 민족에게서 태어나는 모든 아들을 죽이도록 했습니다. 한 민족이 강대해져서 자신의 왕국을 위협할 수도 있었기 때문에 엄격한 왕명으로 시행되는 정책이었습니다.

그런데 한 여자가 아들을 낳았는데 잘생긴 것을 보고 석 달을 숨겼다고 합니다. 여기서 "잘생긴"이라는 표현은 전혀 객관적이지 않은데 성경은 왜 이렇게 표현하고 있을까요? 그 의문을 가지고 믿음 장인 히브리서 11장을 봅시다.

> 믿음으로 모세가 났을 때에 그 부모가 아름다운 아이임을 보고 석 달 동안 숨겨 왕의 명령을 무서워하지 아니하였으며 **히 11:23**

흥미롭습니다. "그 부모가 아름다운 아이임을 보고"라는 말은 외모에 대한 주관적인 표현이 아닙니다. 모세가 태어났을 때 요게벳은 하나님께서 이 아이를 사명자로 주신 것에 대한 가치를 알아보았다는 거예요. 믿음의 눈으로 모세가 하나님의 귀한 자녀임을 보고, 이 아이가 하나님의 자녀라고 고백하는 거예요.

당신은 자녀를 얼마나 믿음의 눈으로 특별하게 보고 있나요? 자녀를 바라보는 데도 믿음의 눈이 필요하고, 자녀를 하나님께 맡기는 믿음이 필요합니다.

또한 걸출한 신앙의 어머니 한나의 기도가 있었기에 사무엘이라는 아들이 태어났습니다. 사무엘의 이야기는 어머니와 자녀 사이의 아름다운 관계를 보여줍니다.

나실인을 낳기 위해서는 나실인을 낳을 수 있는 어머니의 자격이 필요하다는 사실을 아십니까? 하지만 태어난 모든 나실인이 믿음의 가문을 이루지는 못했습니다. 헌신된 자녀의 삶이 어머니의 기도와 조화를 이룰 때 위대한 가문을 이루는 것을 보게 됩니다.

한나는 사무엘을 낳은 후 기도로 얻은 이 아이를 하나님께 드리겠다고 서원했고, 거기에서 여호와께 경배합니다. 하나님을 예배하는 사람은 결코 잘못되지 않습니다.

믿음의 계승은 그냥 되지 않는다

그런데 놀랍게도, 모세가 그렇게 어머니의 믿음을 따라 위대한 사람이 되었는데 모세의 자식들이 그 믿음을 이어가지 못했습니다. 사무엘이 그렇게 위대한 선지자였는데 사무엘의 아들들이 지도자가 되지 못했습니다.

다윗이라는 위대한 왕에게서 솔로몬이 이어졌지만 솔로몬 대에서는 다윗의 왕조가 나뉘었습니다. 왜 그럴까 생각해보니 그 자녀에게 믿음의 어머니, 눈물의 어머니가 없었습니다.

어머니들이 자녀를 위해 최선을 다합니다. 이곳저곳으로 많이 뛰어다니고 좋은 정보를 많이 얻으려 애씁니다. 그러나 정작 그 자녀를 움직이고 그들의 삶에 가장 필요한 것이 어머니의 기도이고 올바른 신앙교육이라는 사실을 알아야 합니다.

신앙은 다음세대로 내려갑니다. 나의 신앙과 신앙생활이 내 가정을 이루고 내 자녀에게 이어지는 거죠. 그러나 저절로 유전되는 것은 아니고, 신앙을 물려주기 위해 윗세대가 노력해야 합니다.

훌륭한 믿음의 사람은 많아도 그 믿음을 대대로 이어간 가정은 그리 많지 않습니다. 그 누군가는 믿음의 모범을 이야기할 수 있지만, 그 믿음이 이어지지 못하고 끊어진 가정들을 너무나 많이 보았습니다. 고민하는 중에 제가 깨닫게 된 것이 있습니다.

믿음의 가문을 이루는 데 있어서, 하나님은 우리 믿음의 가문이 천대에 이르기를 원하시지만 결국 개개인 각 사람과 관계 맺기를 원하신다는 사실입니다. 믿음의 가문을 이어받았다는 것은 정말 큰 축복이지만 그 믿음의 가문은 또 헌신된 자녀인 우리에게 그 책임을 묻습니다.

신앙은 내려가는 게 아니라 물려주는 것이다

'쉐마'로 잘 알려진 신명기 6장 4-9절은 이스라엘 백성들에게 부지런히 가르쳐야 할 것이 무엇인지를 말씀하고 있습니다. 왜 가르쳐야 할까요? 신앙은 '유전'되는 것이 아니라, '유업'이기 때문입니다. 적극적으로 다음 세대에게 복음을 전수하지 않으면 믿음의 세대가 끊어질 수 있다는 말입니다.

LA 킹스컬리지와 킹스신학원 학장을 지낸 잭 헤이포드 목사님이 말한 바와 같이, '자신과 다른 사람들을 복되게 하며 사는 방법을 저절로 깨닫는 아이'는 없습니다. 아이의 모든 삶은 교육됩니다.

그런데 교육은 자녀 양육만의 문제가 아닙니다. 하나님을 믿고 살아가는 우리 모두에게 해당됩니다. 믿음이 없는 부모에게서 믿음 없는 자녀가 나올 가능성이 매우 크며, 어떤 환경에서 어떤 교육을 받느냐에 따라 전혀 다른 인격이 만들어지기 때문입니다. 가르치는 자가 먼저 말씀 앞에 서 있지 않으면 백성들은 약속의 땅 가나안에서 하나님의 축복을 누리며 살아갈 수 없습니다.

그러므로 '쉐마'의 말씀은 단순히 부모가 자녀에게 어떤 신앙교육을 시킬 것이냐에 국한되는 게 아니라, 교육을 시키는 부모가 어떤 사람이 되어야 하는지를 가르칩니다. 그 교육은 하나님이 어떤 분이심을 아는 것에서 출발하고, 아는 것을 우리 몸에 익숙하게 만드는 것입니다.

이 쉐마 말씀은 120세의 모세가 가나안 땅 입성을 앞둔 이스라엘 백성들을 향해 권면하는 내용입니다. 백성들은 이제 머지않아 광야 여정을 마치고 가나안에 정착하게 될 텐데 문제는 그들이 이제 그곳에서 '편안함'으로 인해 타락할 위험성이 있다는 것입니다.

광야 생활을 할 때는 삶이 단순했습니다. 하늘과 광야밖에 보이지 않는 매일의 삶 가운데 백성들은 만나를 얻고 구름 기둥과 불기둥의 인도와 보호를 받으며 하나님의 임재와 함께했습니다. 하지만 그들의 자녀 세대가 거할 가나안은 그렇지 않습니다. 주의를 흩뜨리는 것들이 많고, 하루하루를 믿음으로 사는 중요성을 놓치기 쉬울 것입니다. 광야에서 궁핍할 때는 걱정하지 않았던 일들입니다.

더욱 심각한 문제는 그들이 가지고 있었던 신앙의 대가 끊기고, 하나님께 받았던 유업을 잊게 되는 것입니다. 하나님을 찾지 않는 사람들이 어떻게 하나님의 백성으로 살아갈 수 있겠습니까?

이스라엘에게 신앙의 위기는 '정체성의 위기'입니다. 정체성을 잃으면 삶의 근거가 흔들립니다. 모세는 이스라엘 존재의 근원이 되었던 신앙을 어떻게 전달할지를 걱정하고 있습니다.

하나님은 자녀인 우리가 잘되고 형통하는 길을 가르쳐주길 원하십니다. 그래서 믿음의 대를 이어갈 수 있도록 가정에서 가르쳐야 하는 것을 말씀하십니다. 삶에서 우선순위가 무엇인지를 분명히 알고, 여호와 하나님이 자녀의 삶에서 얼마나 중요한지를 부지런히 가르치라고 하십니다.

자녀들이 잘되길 바라는가? 잘 믿길 바라는가? 잘 믿는 것과 잘되는 것엔 큰 차이가 있다. 학원 보강은 꼭 보내지만 교회 수련회는 보내지 않으면서 잘 믿기를 바라는 부모, 잘되기를 바란다면서 신앙보다 공부를 우선순위에 두는 부모, 맡겨주신 자녀를 말씀으로 양육해야 하는 필요성을 상실한 부모들이 많다. 신앙교육을 할 수 없는 환경에 있는 부모는 드물다. 대부분은 단지 그 일에 관심이 없거나 마음이 없다.

_《엄마표 신앙교육》(백은실, 규장) 中에서

가정에 '중심'을 바로 세워라

내 가정이 겪는 아픔은 누구도 이해할 수 없는 일들이라 우리는 때때로 "하나님, 왜 우리 가정에 이런 아픔을 주세요? 누가 이 아픔을 이해해줄 수 있을까요?"라는 기도를 드립니다.

그런데 믿음의 중심이 바로 서 있으면 일으켜 세워주시는 하나님의 능력을 경험하게 됩니다. 그래서 저는 가정을 이야기할 때마다 오뚝이가 생각납니다. 오뚝이가 넘어뜨려도 일어나는 것은 그 가운데 있는 추가 중심을 잡아주기 때문이지요.

어떤 가정이든 세상에 들어가면 언제든지 넘어질 수 있기에 가장 중요한 것은 '중심'입니다. 하나님을 중심으로 서 있으면 넘어져도 다시 일어설 수 있고, 어떤 유혹 가운데서도 흔들리지 않는 믿음을 가질 수 있습니다.

지금 주변을 한번 둘러보세요. 무엇이 보이나요? 지금 바라보고 있는 것은 방금 내 눈에 들어왔던 많은 것 중 결국 내가 '바라보기로 선택'한 것입니다. 내가 지금 무의식적으로 행동하는 것 같은 것들이 사실은 '의식적' 행동의 결과물인 셈이죠.

저는 '중심'을 '우리 가정이 가장 중요하게 생각하는 것'으로 표현하고 싶습니다. 수많은 것 중에서 결국 내가 보고자 하는 것을 보고 듣고자 하는 것을 듣는 것은 '중심'에 대한 부분입니다.

중심이 바로 되어 있으면 많은 것 중에서 가장 중요한 것을 먼저 보고 가장 중요한 것을 먼저 하게 됩니다. 중심이 바로 선다는 것은 우선순위의 문제입니다.

가정을 소중히 여겨라

제가 엄마들에게 아이들 공부에 너무 신경 쓰지 말라고 이야기합니다. 모든 아이가 공부를 잘하는 게 아니고 모두가 돈을 벌 수 있는 것도 아니지요. 가정에서 중요한 것은 성적도 물질도 아닙니다. 가정에 돈이 아니라 아빠와 엄마가 필요하고, 가족 간에 건강하고 좋은 관계를 이루는 것이 중요합니다.

부모들이 종종 "내가 가정을 위해 이 일을 한다!"라고 말하는데 가정이 희생되고 있다면 그 일이 정말 가정을 위한 일일까요? 가정의 소중함을 아는 사람은 돈이나 일 때문에 흔들리거나 가정을 소홀히 하지 않습니다. 세상 풍조에 가치를 두는 가정은 절대 행복할 수 없어요.

돈이나 성적이나 명예가 우선이 되어 가족의 관계가 깨어진다면 얼마나 가슴 아픈 일입니까. 지금 우리 가정에서 추구하는 것이 우선순위가 올바로 세워진 일인지 분명히 보고, 가정에 무엇이 중심이 되어야 하는가를 분명히 알아야 합니다.

얼마 전 저는 참 가슴 아픈 말을 들었습니다. 저는 어린 시절 아버지와의 추억이 별로 없어서 아버지와 다른 아버지가 되려고 했습니다. 그런데 우리 아이들이 "우리는 아버지와 같이한 추억이 없어요!"라고 하더군요. 함께했는데 아이들이 기억하지 못하는 시간도 있었고, 아이들의 학창 시절에는 많은 시간을 함께하지 못했습니다.

가정의 좋은 추억을 만드는 것이 중요합니다. 꼭 가정 예배를 의미하는 것은 아닙니다. 가족끼리 만나서 함께 공유하는 시간이 필요합니다. 가족들에게 있어서 잃어버린 시간은 결코 돌아오지 않는다는 것을 기억하십시오. 우선순위를 분명히 해야 합니다.

아이들에게 가장 필요한 것은 '존재'의 의미입니다. 가정의 제사장으로서 아버지의 존재, 기도하는 어머니의 존재, 삶의 근거가 되시는 하나님의 존재, 삶을 이끌어 가시는 성령님의 존재 말입니다.

가정의 중심에 하나님을 모셔라

가정 중심, 직업 중심으로 살아가는 사람들도 있으나 우리는 하나님 중심적인 가정을 이루어가야 합니다. 가정의 중심에 하나님의 얼굴을 구하는 믿음이 있어야 한다는 것입니다.

믿음의 가문을 세우길 원하는 가정이라면 먼저 하나님과의 관계가 바로 되어야 합니다. 가정을 위해 열심히 일하고 희생한들 하나님과의 관계가 깨어진 가정 속에서 무엇을 얻을 수 있겠습니까? 이 가정, 이 자녀를 내게 주신 하나님의 은혜를 생각하고 살아가야 합니다.

오늘 당신의 가정 안에는 이 중심이 바로 되어 있습니까? 아이들의 생활, 아버지와 어머니의 삶에서 어디에 초점을 맞추어야 하는지를 분명히 알아야 합니다. 즉 생활의 기준이 무엇이냐 하는 것이지요.

특히 가정에서 드리는 예배가 습관이 되는 것은 아주 중요합니다. 그러나 형식적인 지루함이 되지 않게 해야 합니다. 자녀에 맞게 예배를 디자인하는 지혜가 필요합니다.

예배는 하나님을 찬양하고 하나님을 고백하는 것입니다. 가정 예배 때 찬송하고 성경을 읽고 기도하는 것이 중요하지만 더 중요한 것은 아이들의 삶에서 기쁘게 하나님을 고백하도록 훈련하는 것입니다. 예배가 즐거움이 된다면 그 가정은 분명히 믿음의 가문을 이루게 될 것입니다.

명절이 되면 함께 모여 예배합니다. 그러면서 그 가정의 공통분모가 생기는 것이죠. 적어도 우리가 하나님을 기억하고 교회를 섬기고 신앙을 훈련하는 중요한 날들을 지키는 것이 중요합니다. 교회의 절기를 지키는 것도 아주 중요합니다. 신앙의 절기는 삶의 순간순간들을 점검하게 해주기 때문입니다. 이것이 신앙의 전통이 될 때, 믿음의 가문을 세워갈 것입니다.

신앙을 빌미로 부모의 생각을 자녀에게 주입시키거나, 인간 중심적인 아이로 만드는 것은 아주 위험한 가정교육입니다. 자녀에게 어떤 소원을 빌어주며, 어떤 축복을 해주기를 원합니까? 결혼하여 분가한 자녀에게 어떤 소원을 가지고 기도하고 있습니까? 거룩한 소원을 가지십시오. 어디에 내어놓아도 부끄럽지 않은 자녀들에 대한 소망을 가지십시오.

가정이여 교회여, 들으라

이스라엘아 들으라… **신 6:4**

모세는 지금 이 말씀을 누구에게 하고 있나요? 누구에게 들으라는 것입니까? 이스라엘 백성 전체입니다. 본문 속에서 부모들만 모세의 말을 듣고 있는 것이 아니라 군중 속의 다른 친척들도 듣고 있었습니다. 히브리 사회에서 한 세대가 하나님을 신뢰하는 마음을 갖도록 양육하기 위한 가정의 역할은 믿는 다른 가정들과 긴밀한 관계를 맺는 데까지 이어집니다. 모세는 이 메시지를 전하며 이것을 국가적, 부족적, 가족적 문제로 삼고 있습니다.

우리 자녀들에게는 인생에서 그리스도인 부모와 동일한 말을 해줄 수 있는 다른 어른이 필요합니다. 교회가 가정을 위해 할 수 있는 지혜로운 일 가운데 하나는 자녀들에게 그런 영향을 미칠 수 있는 어른들을 연결해주는 시스템을 제공하는 것입니다.

사춘기 청소년들은 가정에서 멀어지기 시작하므로 나이가 들수록 그들의 삶 속에서 같은 말을 다른 방식으로 말해주는 음성을 듣는 것이 중요합니다. 교회학교 목회자나 교사, 부모의 친구, 조부모 등 많은 사람이 있겠지요.

몇 달 전에 우리 교회 청소년부 아이 한 명이 가출해서 곱창집에서 일하고 있는 것을 그 부서의 교사가 보고 담당 교역자에게 알려주었습니다. 감사하게도 그 학생이 담당 전도사를 만나주었습니다. 자기는 미술을 좋아하는데 부모가 학업을 강요하니까 집을 나왔답니다.

이야기를 나눈 후 아이는 집에도 들어가고 학교에도 다시 나가기 시작했습니다. 부모는 너무 고마워했고요. 만일 이 아이에게 신뢰할 수 있는 어른이 없었다면 자기 고집과 확신으로 그 상태에 머물렀을지도 모릅니다.

그래서 부모와 같은 마음이지만 다른 방식으로 말해줄 수 있는 테두리를 마련하는 일은 중요합니다. 부모가 지경을 넓혀서, 자녀가 다른 어른들을 필요로 할 때 신뢰할 만한 사람을 만나게 한다면 부모도 자녀도 평안할 겁니다.

'쉐마'의 말씀은 "들으라!"로 시작합니다. 그리고 백성들에게 가장 먼저 가르치는 것은 바로 이것입니다.

…우리 하나님 여호와는 오직 유일한 여호와이시니 **신 6:4**

우리의 하나님이 여호와 하나님이시며, 다른 것이 하나님이 될 수 없다는 뜻입니다. 우리는 '하나님이 누구신지'를 잊지 말아야 합니다. 하나님을 "오직 유일한 여호와"로 인정한다면 가정에서 하나님이 중심이 되고 우선순위가 되시게 해야 합니다.

당신이 부모로서 자녀에게 요구하는 것들 가운데 하나님을 먼저 생각하게 하는 우선순위가 분명하다고 말할 수 있나요? 우리 자녀가 젖과 꿀이 흐르는 땅에 살며 그 혜택과 번영을 누리고 풍요를 경험하면서도 정작 하나님을 전혀 알지 못한다면 얼마나 가슴 아픈 일인가요? 막상 그렇게 되면 모든 것이 위태로워질 겁니다.

'어렸을 때부터 교회를 다녔던' 자녀들의 신앙 문제는 이제 교회 안에서 보편적인 고민이 된 것 같습니다. 청소년기부터 대학 생활, 직장 생활을 하면서 신앙을 떠나는 자녀를 보는 부모들의 안타까움이 많이 들려옵니다.

그리고 안타까운 마음과는 별개로, 자녀에게 신앙을 권면하기 힘들어하는 부모들의 모습도 보게 됩니다. 부모가 먼저 자녀에게 '타협' 했기에 지금 와서 그들에게 하나님을 '우선순위'로 두며 살라는 말을 할 수 없는 것입니다. 일관성 있게 들리지 않기 때문입니다.

한 번 타협했던 자녀들은 입시를 앞두고, 직장을 앞에 두고, 군대와 결혼이라는 중요한 시절을 지나며 더욱 쉽게 타협합니다. 그러나

타협하지 않았던 사람들의 삶과 자녀는 뭔가 다릅니다. 타협하지 않았던 치열한 시간을 통해 하나님과 친밀한 관계를 형성해간 사람들은 인생의 중요한 결정의 순간에 하나님을 생각합니다.

지금 내가 살아가는 삶이 어떤 결말에 이르게 될지, 그래서 자녀 인생의 마지막은 어떠할지 상상해보세요. 믿음의 부모라면 자녀가 삶의 마지막 순간에 하나님과 올바른 관계 안에 있기를 원하지 않겠습니까? 오직 여호와가 '우리 하나님'이심을 잊지 마십시오.

네 하나님 여호와를 사랑하라

너는 마음을 다하고 뜻을 다하고 힘을 다하여 네 하나님 여호와를 사랑하라 **신 6:5**

우선순위의 선택에는 포기가 따른다

사랑은 결단과 포기의 양면성을 가지고 있습니다. 누군가를 사랑하고 그와 결혼하기로 선택하는 것은 그 순간부터 이 사람 외의 모든 이성을 포기하는 것입니다. '선택'이라는 말에는 '포기'라는 뜻이 들어있습니다.

그러므로 이 말씀은 여호와 하나님을 네 하나님으로 인정하기 때문에 네 삶에서 '포기할 것'이 무엇인지를 생각하라는 의미입니다. 하나님의 자녀로 살아가고, 다음 세대를 영적 자녀로 키우기 위해서는 무언가를 포기할 줄 알아야 합니다.

사실, 삶에 우선순위가 세워지면 당장 눈앞에 보이는 게 뭔지 아세요? 그 우선순위를 비껴간, 버려야 되는 것들이에요. 손해 보는 느낌이 드는 거지요. 하나님을 중심으로 생각하고 선택하는 것이 꼭 경제적 이득을 가져다주는 것은 아닙니다. 오히려 손해가 될 수도 있어요.

그럴지라도 하나님이 중심이자 우선순위가 되시게 하고, 믿음의 원칙과 신앙의 가치를 지켜야 합니다. 그러면 당장은 손해를 보는 것 같을지라도 결코 그것이 우리 인생에 손해가 아니라는 것을 저는 믿습니다.

제 아내는 귀가 잘 들리지 않아 오래전에 보청기를 했는데 보청기를 하면 여러 소리가 다 잘 들려서 그게 힘들다고 합니다. 그래서 보청기를 하면 훈련이 필요합니다. 내가 들으려는 소리를 듣는 훈련이 되어야 보청기가 제대로 작용하니까요.

풍요로운 환경에서 많은 것을 선택할 수 있는 것이 복이 아니라 '걸림돌'이 될 수 있습니다. 집중에 방해가 되기 때문이지요. 하지만 하나님의 음성을 듣고자 하면 들릴 것이요, 하나님의 얼굴을 구하면 그분의 응답을 보게 될 것입니다. 하나님 중심적으로 살아갈 때 하나님이 우리 삶을 형통케 하신다는 믿음이 분명해야 이 세상에서 가장 중요하고 올바른 것을 선택할 수 있습니다.

부모의 삶으로 보여주어야 할 것들

그럼 어떻게 하면 자녀가 마음을 다하고 뜻을 다하고 힘을 다하여 하나님을 사랑하며 살게 할 수 있을까요? 많은 교육학자가 이야기하듯, 진정한 교육은 가르치는 것이 아니라 보여주는 것이고, 삶으로 가르치는 것만 남습니다. 그러므로 자녀가 여호와를 사랑하도록 가르치는 가장 좋은 방법은 부모 세대가 여호와를 사랑하는 것을 살아냄으로써 보여주는 것입니다.

부모가 하는 일은 자녀의 가치관과 관점에 영향을 끼칩니다. 그런데 부모가 완벽해야만 하는 것은 아닙니다. 자신은 불완전하지만 완전하신 하나님께 의지하고, 어떤 일을 하든 말씀을 통해 하나님의 뜻을 구하며 살아가는 '있는 그대로의 삶'을 보여주십시오.

삶의 문제들을 말씀으로 해석하고 하나님의 마음을 구하며 풀어가는 모습, 부모의 체면을 내려놓고 잘못을 인정하는 모습, 재정을 바르게 사용하는 모습, 결혼과 가정을 지키기 위해 노력하는 모습 등 많은 것을 보여줄 수 있겠지요.

자녀가 당신에게서 어떤 모습을 보며 자라고 있습니까? 자녀는 부모의 등 뒤에서 부모의 모습을 보고 배웁니다. 그러니 부모가 삶에서 실천하지 않으면 어떻게 자녀가 따라 할 수 있겠습니까?

믿음의 가정에서 자라는 자녀의 특권은 부모의 삶 속에 역사하시는 하나님을 보는 일입니다. 불완전한 부모가 완전하신 하나님 안에서 어떤 사람으로 변해가는지를 본 자녀는 하나님이 자신에게도 그렇게 행하실 것을 믿고 기대하며 소망을 품을 수 있습니다.

진정한 자녀 교육은 부모의 신실한 삶에서 시작되고, 따라서 부모는 '내 아이' 이전에 '내가' 어떤 사람이 되어가고 있는지를 보아야 합니다. 하나님이 나를 어떻게 변화시키시는지 자녀가 보기를 원한다면 더욱 그래야 합니다.

하나님과 동행하고 자녀를 훈련하라

오늘날 우리 교육의 문제는 잘못 가르쳐서 발생한 문제들을 해결하려고 허덕인다는 것입니다. 가장 중요한 것을 잘 가르치면 많은 문제를 미연에 방지할 수 있을 텐데 말입니다.

마땅히 행할 길을 아이에게 가르치라 그리하면 늙어도 그것을 떠나지 아니하리라 **잠 22:6**

양육과 훈련의 아주 중요한 원칙이 있습니다. "마땅히 행할 길"을 행해야 한다는 것입니다. 하나님은 우리를 편법이 아니라 마땅히 행할 길로 인도하시는 분입니다.

이 길은 '지혜의 길', '의의 길', '거룩한 길', '평화의 길', '생명의 길' 등으로 불리기도 하는데, 이 모든 것을 포괄할 수 있는 한 가지 의미가 있다면 '주님과 동행하는 길'입니다.

믿음의 가문을 이루기 위해 이 가장 중요한 원칙을 물으십시오. 당신과 당신의 가정은 주님의 길을 가고 있습니까?

믿음의 가문을 이루지 못하는 가장 큰 문제는 부모가 자녀에게 이 길을 분명하게 가르쳐주지 못하기 때문입니다. 자녀가 그 길을 가기에는 아직 준비되지 않았다고 생각하며 미루고, 자꾸 양보하고 타협하려는 경향이 있습니다.

믿음의 가문을 이루기를 원하는 부모는 '훈련'이 해야만 하는 유일한 길인 것을 자녀에게 분명히 인식시키고, 마땅히 행할 길을 갈 때 가장 편안하고 행복하다는 것을 깨닫게 해주어야 합니다.

아주 중요한 정의를 말씀드립니다. 성공적인 훈련은 규칙을 주입시키는 것보다는 습관을 형성해주는 것입니다. 그래서 모세는 가나안에 가면 일상에서 믿음을 전달하도록 당부하고 있습니다. 어린아이들은 일상의 일을 통해서 가장 잘 배우기 때문입니다.

네 자녀에게 부지런히 가르치며 집에 앉았을 때에든지 길을 갈 때에든지 누워 있을 때에든지 일어날 때에든지 이 말씀을 강론할 것이며 **신 6:7**

즉, 식사하거나 토론하고 대화할 때, 함께 걷거나 여행할 때, 자녀가 잠자리에 들 때와 일어날 때 등 하루 24시간을 보내는 일상에서 하나님을 기억하도록 하는 겁니다. 이러한 일상의 루틴으로 가족이 함께 시간을 보낼 때에는 분명한 의도를 갖고, 시간을 미리 정하며,

규칙적이고 반복적인 습관을 형성하는 것이 좋습니다.

사실 대한민국에서 이런 시간을 갖는 건 힘듭니다. 집에서 대화보다는 부대낌이 많기도 하고, 온 식구가 모두 바쁩니다. 자녀가 어릴 때는 부모가 한창 직장에서 경력을 쌓을 시기라서 바쁘고, 중·고등학생 자녀는 밤늦은 시간까지 공부하느라 바쁘지요.

그러나 그토록 고대하던 대학에 들어가는 순간, 자녀는 부모 품을 떠납니다. 더 이상 함께할 시간이 주어지지 않습니다. 그러니 부모의 영향을 가장 오래, 가장 많이 받는 어린 시절을 놓쳐서는 안 됩니다.

일방적인 훈육이 아니라 그들의 이야기를 들어주고 여러 질문에 답하며, 무엇보다 아이의 상상력과 창의력을 길러주는 대화가 되도록 해야 합니다. 특별히 자녀가 자기 전, 이마에 손을 얹고 하나님께 복을 구하는 기도를 드리고 성경 이야기를 들려준다면 평생 잊을 수 없는 신앙의 추억이 될 것입니다.

*   *   *

요즘 결혼식의 70-80퍼센트는 주례가 없다고 합니다. 결혼 예배보다는 양가 부모님들의 덕담으로 대신하기도 한답니다. 더 심각한 것은 자녀의 결혼을 더 이상 부모가 주장하지 못한다는 것입니다.

어려서부터 믿음으로 자라지 않으면 '신앙'이 아닌 '자신의 주장'이 우선합니다. 요즘 같은 세상에 '결혼', '부모', '가문' 그런 설교를 하지 말라고 합니다. 그런데 이런 중요한 단어들이 사라져버린다면 과연

이 땅 위에 가정과 다음세대가 존재하는 것이 가능할까요?

출애굽한 이스라엘 백성이 광야의 훈련을 거쳐 가나안 땅에 정착했습니다. 큰 복을 받았지만 이 축복을 지키는 것은 쉬운 일이 아닙니다. 하나님 앞에 결단하지 않고는 이어지지 않을 일입니다. 여호수아가 죽기 전에 세겜에서 모든 백성을 모으고 결단을 촉구합니다.

> 만일 여호와를 섬기는 것이 너희에게 좋지 않게 보이거든 너희 조상들이 강 저쪽에서 섬기던 신들이든지 또는 너희가 거주하는 땅에 있는 아모리 족속의 신들이든지 너희가 섬길 자를 오늘 택하라 오직 나와 내 집은 여호와를 섬기겠노라 하니 **수 24:15**

당신의 가정은 믿음의 가문으로 세워지고 있습니까? 그 가정에 기도의 어머니와 제사장적인 아버지가 있습니까? 당신이 그러한 사람으로 결단하며 헌신된 삶을 살아가기를 바랍니다. 그리고 하나님께 당신의 가정을 맡기기를 바랍니다.

앞서, 우리가 할 바를 다 하면 그 다음은 하나님께 있다고 했습니다. 우리가 할 일을 한 다음에 모든 것을 맡기는 것이 헌신입니다.

하나님께 맡기는 것이 당신의 어려움이 없어진다는 의미는 아닙니다. 그러나 하나님이 당신의 가정을 붙드신다는 소망을 주시는 것입니다. 그 붙들어주심으로 인하여 이 교회가 이 땅의 소망이 되고, 이 나라와 이 민족의 소망이 될 수 있음을 믿습니다.

어쩌면 지금 당신은 가정의 아픔으로 울며 기도하고 있을지도 모릅니다. 그런 당신에게 하나님은 지금 말씀을 통하여 은혜 주시며 말씀하십니다.

"나에게 맡겨보지 않겠니?"

하나님께 맡길 때, 우리에게 주시는 하나님의 소망이 당신 가운데 넘치기를 간절히 소망합니다. 이 소망을 가지고 가정을 위해, 다음세대를 위해 기도합시다. 당신과 당신의 가정을 축복합니다.

하나님의 마음 알기

초판 1쇄 발행	2024년 6월 11일
지은이	김병삼
펴낸이	여진구
책임편집	최현수
편집	이영주 박소영 안수경 김도연 김아진 정아혜
책임디자인	조은혜 이하은	마영애 노지현
홍보 · 외서	진효지

마케팅 김상순 강성민   **마케팅지원** 최영배 정나영
제작 조영석 허병용   **경영지원** 김혜경 김경희

303비전성경암송학교 유니게 과정
이슬비전도학교 / 303비전성경암송학교 / 303비전꿈나무장학회

펴낸곳 규장

주소 06770 서울시 서초구 매헌로 16길 20(양재2동) 규장선교센터
전화 02)578-0003 팩스 02)578-7332
이메일 kyujang0691@gmail.com   홈페이지 www.kyujang.com
페이스북 facebook.com/kyujangbook   인스타그램 instagram.com/kyujang_com
카카오스토리 story.kakao.com/kyujangbook
등록일 1978.8.14. 제1-22

책값 뒤표지에 있습니다.
ISBN 979-11-6504-534-0 03230

규 | 장 | 수 | 칙

1. 기도로 기획하고 기도로 제작한다.
2. 오직 그리스도의 성품을 사모하는 독자가 원하고 필요로 하는 책만을 출판한다.
3. 한 활자 한 문장에 온 정성을 쏟는다.
4. 성실과 정확을 생명으로 삼고 일한다.
5. 긍정적이며 적극적인 신앙과 신행일치에의 안내자의 사명을 다한다.
6. 충고와 조언을 항상 감사로 경청한다.
7. 지상목표는 문서선교에 있다.

하나님을 사랑하는 자 곧 그의 뜻대로 부르심을 입은 자들에게는 모든 것이 合力하여 善을 이루느니라(롬 8:28)

규장은 문서를 통해 복음전파와 신앙교육에 주력하는 국제적 출판사들의
협의체인 복음주의출판협회(E.C.P.A:Evangelical Christian Publishers
Association)의 출판정신에 동참하는 회원(Associate Member)입니다.